법륜·열아홉

마아라의 편지

아잔 뿐나담모 지음 | 김한상 옮김

KB214743

고요한소리

Letter From Māra

Ajahn Puṇṇadhammo

The Wheel Publication No.461
Buddhist Publication Society
Kandy, Sri Lanka, 2006

일러두기

* 이 책에 나오는 경經의 출전은 영국 빠알리성전협회PTS에서 간행한 로마자 본 빠알리 경임.
* 로마자 빠알리어는 이탤릭체로 표기함.

차 례

저자는 《스크류테이프의 편지》[1]에서

이 책의 내용을 착안하게 되었으며

이에 고故 C. S. 루이스 님께 감사를 표한다.

아잔 뿐나담모

1 [역주] 《스크류테이프의 편지The Screwtape Letters》는 세계적 영성 신학
   자이자 우리나라에도 익히 알려진 판타지 소설 《나니아 연대기》의 작
   가인 C.S.루이스Lewis가 상상력으로 빚어낸 악마들 간의 대화를 담은
   기독교 풍자소설로 차관급 악마 스크류테이프가 조카이자 신참 악마
   인 웜우드에게 보낸 충고 편지 31통을 통해, 악마들이 기독교인들을 유
   혹하고 신앙을 방해하는 방법과 비기독교인들이 예수에게 관심을 갖지
   않도록 하는 방법을 알려주는 행동 지침서이다. 악마의 본성과 흔들리
   는 인간의 모습들을 진지하면서도 재미있게 다루고 있다.

마아라의 전투부대

너의 첫 번째 부대는 '감관적 욕망'이고,
둘째는 '권태'이며 그리고는
'기갈'이 셋째를 이루고,
'갈애'가 이 대열에서 네 번째이며
다섯 번째는 '해태와 혼침'이고,
'공포'가 여섯 번째를 차지하는 한편,
'의혹'이 일곱 번째이고,
여덟 번째는 '완고함'과 그 짝이 된 '적의'이다.
그 위에 '이익, 명예와 명성'
그리고 '도리에 벗어나게 얻은 평판'
'자화자찬과 남 헐뜯음' –
이들이 너의 부대들이다, 나무찌[2]여.
이들이 사악한 자[3]의 전투부대들이다.
누구도 아닌 참 용자勇者만이 그들을 무찔러
승리가 주는 지복至福을 누리게 될 것이다.

《숫따니빠아따》 III품 2경

*냐아나몰리 스님 영역英譯《부처님의 생애 *Life of the Buddha*》 20쪽

들어가기

　저 까마득히 요원한 곳에 우주의 온 천상계를 통틀어 가장 가슴 설레도록 현란한 환락의 동산[4]이 있다. 기화요초 만발한 그 동산을 걱정 근심이라고는 없는 아리따운 천인천녀들이 즐겁게 노닌다. 현란한 색깔과 화려한 자태를 뽐내는 새와 나비들이 부드러운 산들바람에 파도처럼 일렁이는 황금빛 잎사귀들 사이로 한가롭게 날갯짓을 한다. 경사가 완만한 구릉 너머 저 멀리 바위 언덕 위에 그림 같은 성채가 하나 우뚝 서 있다. 휘감겨 돌며 솟아오른 성탑과 미로 같은 성벽의 기하학적 구조 그리고 황금 지붕

---

2 [역주] 마아라의 다른 이름. 원어 나무찌*Namuci*는 '빠져 나가지 못하게 하는 자' 즉 '해탈을 방해하는 자'라는 뜻으로, 아무도 그의 손아귀로부터 빠져나갈 수 없다는 의미이다.

3 [역주] 마아라의 또 다른 이름. 원어 깐하*Kaṇha*는 '어두운 자', '검은 자', 즉 '사악한 자'라는 뜻이다.

4 [역주] 환락의 동산*Nandanavana*은 즐거움의 숲이라는 의미에서 환희원歡喜苑, 환림원歡林苑이라고도 한다. 각 천상마다 있다는 천신들이 노는 동산.

과 갖은 보석을 박아 치장한 외벽에 희고 매끄러운 돌을 다듬어 만든 이무깃돌 등 온갖 조형물이 어우러진 그 성채는 웅장하면서도 호화롭기 그지없다.

성채 꼭대기에 호사스러우면서도 중후하게 치장된 방이 하나 자리하고 있는데 사무실이라 불러도 무방할 것이다. 귀한 목재를 정교하게 짜 맞춘 육중한 책상이 놓여 있고 그 뒤에 귀공자풍의 한 인물이 푹신한 가죽의자에 편안하게 기대어 앉아 있다. 그는 키가 크고 미남이다. 옷은 나무랄 데 없이 깔끔하게 잘 차려 입었다. 그의 차림새는 유행을 타지 않으면서도 미적 감각을 잘 살렸다. 태도는 세련되고 상냥하다.

이 지상에서는 볼 수 없는 미모의 천녀가 그의 옆 낮은 의자에 앉아 손톱을 다듬어주고 있다. 책상 맞은편에는 비서 임무를 맡은 또 다른 천녀가 그의 지시를 받아 쓸 준비를 하고 앉아 있다.

이 책상 앞에 앉은 존재는 만족스런 미소를 지으며 거대한 화면 쪽으로 눈길을 돌린다. 화면은 어린 천인들이 아름다운 정원에서 천진난만하게 뛰어노는 광경을 비추고 있다. 부성애 가득한 눈길로 한동안 화면을 응시하던 그가 고개를 들어 여비서를 부른다.

"공문을 하나 하달해야겠으니 문서를 작성할 준비를 하시오. 커피도 한 잔 가져다주겠소? 그동안 나는 내 왕국을 좀 돌아봐야겠소."

손톱 다듬던 천녀가 도구를 챙기고는 눈웃음을 던지며 물러난다.

그가 바로 욕계[5]의 군주, 마아라[6]이다. 여비서가 우아한 걸음걸이로 커피 제조기 쪽으로 다가가는 동안 욕계의 제왕은 일을 시작하기 전 재미삼아 욕계 시찰을 해보기로 작정한다. 그래서 방금 잘 다듬어진 손으로 일각수一角獸 뿔에 루비 버튼을 박은 컴퓨터 마우스를 잡고 능숙하게 새 창을 연다.

---

5 [역주] 욕계*kāma-loka*는 삼계三界 중 감각적 쾌락인 오욕五慾이 주가 되는 세계로 지옥, 아귀, 축생, 아수라의 사악도四惡道와 인간계, 천상계 [六欲天]가 모두 포함된다.

마아라는 자신의 통치권에 속하는 여러 천상계들부터 차례로 살핀다. 그곳은 천인천녀들이 기화요초 만발한 공원과 동산에서 밤낮없이 어우러져 놀이판을 벌여대고, 천상의 수레를 휘몰아 이 잔치판에서 저 잔치판으로 또 이 축제장에서 저 연회장으로 전전하며 끝없이 유희를 즐기는 세계이다. 화려한 비단옷에 영락瓔珞으로 장식한 화관을 쓰고 갖가지 보석 장신구들로 치장한 천인들은 하나같

6　[역주] 마아라Māra는 빠알리 삼장과 주석서에 크게 세 가지 형태로 묘사되어 있다. 사악함의 의인화 혹은 상징화된 존재로서의 마아라, 천인으로서의 마아라 그리고 세속적인 모든 존재로서의 마아라 등이 그것이다. (1) 사악함의 화신으로서의 마아라는 빠삐만[波旬 Pāpimant]으로 불리는데 사악한 자, 악마惡魔라는 뜻이다. 또 나무찌Namuci라고도 하는데 해탈을 방해하는 자라는 뜻이다. (2) 신으로서의 마아라는 욕계欲界의 최상천인 타화자재천他化自在天의 신이다. 그는 중생들이 욕계를 못 벗어나도록 방해하는 신이라고 한다. 이런 마아라는 범천梵天이나 인드라신神처럼 대단한 위력을 가졌으며 군대를 거느리고 있다. (3) 그리고 경에 따라서는 세속적인 모든 존재 즉 열반涅槃이 아닌 모든 것은 마아라라고 하기도 한다. 그래서《상응부》에서는 오온五蘊을 마아라라고도 기술하는 등, 마아라는 실로 다양하게 표현되고 있다. 그래서 세속적인 모든 것은 마아라의 영역에 속하는 것으로 간주된다. 말하자면 예류과 이상의 성자가 되기 전에는 항상 마아라의 감시영역에 있다고 볼 수 있는 것이다. 그래서 주석서에서는 이런저런 것을 모두 포함하여 마아라를 다섯 가지로 분류하는데 그것은 각각 ① 신으로서의 마아라 devaputta-māra ② 번뇌로서의 마아라kilesa-māra ③ 오온으로서의 마아라 khandha-māra ④ 업으로서의 마아라kamma-māra ⑤ 죽음으로서의 마아라maccu-māra이다.

이 자신들의 미모에 도취되어 있다. 그곳에서는 악공들의 감미로운 천상 음악과 아름다운 천녀들의 고혹적인 춤이 영겁을 거듭하며 쉼없이 이어진다. 그런 와중에도 가끔씩 마치 크리스마스트리의 전구가 퍽하고 불이 나가듯 그들 가운데 누군가가 하나씩 사라진다.[7] 대부분의 천인들은 그런 일 따위에 별반 주의를 기울이지 않지만, 사려 깊은 이들은 그럴 때마다 잠시 숨을 멈추고 눈을 한두 번쯤 깜박여보기도 한다. 그러나 그들도 이내 그런 의기소침함을 벗어나 다시 신나는 일상으로 돌아온다.

"이런 귀여운 내 백성들, 어찌 저리 놀기를 좋아할꼬! 그런데 저기 몇 녀석들은 별로 신이 나지 않는 것 같은 데……."

---

7 [역주] 주석서(SA.i.88f.; DA.iii.750; MA.i.190f)에 따르면 수브라흐마 *Subrahma*라는 삼십삼천의 천인이 하루는 1천 명의 요정들을 거느리고 '환희의 동산'으로 놀러 갔다. 5백 명의 요정들은 나무아래에 앉아 있었고, 다른 5백 명의 요정들은 나무 위에 올라가서 화환을 던지며 노래를 부르고 있었다. 바로 그때 나무 위에 있던 5백 명의 요정들은 순식간에 사라져서 무간지옥에 태어났다. 수브라흐마는 사라진 5백 명의 요정들이 모두 무간지옥에 태어난 것을 보고 자기 운명을 들여다보니 자신도 7일밖에 더 살 수 없음을 알았다. 두려움과 슬픔에 휩싸인 수브라흐마는 위안을 얻기 위해 부처님을 찾아가 법문을 듣고 예류과를 성취했다.

다시 마우스를 가볍게 클릭하자 이번에는 축생계가 나타난다. 화면 속의 축생들은 끝없이 쫓고 쫓기고, 잡아먹고 잡아먹히고, 짝을 짓고 새끼를 낳는 일을 되풀이하고 있다. 덫에 걸리고 추위와 더위로 죽는 등, 그들은 순식간에 존재로 나타났다 덧없이 사라져버린다.

다시 화면이 바뀐다. 음습하고 어두운 아귀계가 나타난다. 거칠고 추한 몰골을 한 아귀들이 울부짖고 탄식하며 정처 없이 헤매는 모습이 화면에 가득하다. 그들은 대부분 남산만한 배에 조막만한 머리를 가진 흉측한 몰골이며, 개중에는 해골 형상을 한 존재들도 있다. 아무리 먹어도 채워지지 않는 배를 부여잡고 쓰레기 더미를 뒤지는 무리들의 모습이 마아라 역시 애처로운지 얼른 마우스를 누른다.

이번에는 지옥계가 그 모습을 드러낸다. 불과 고통의 세계, 형언할 수 없는 잔인성과 공포의 세계, 거기서 존재들은 벌겋게 달궈진 쇠꼬챙이에 꿰여있거나 이글거리는 불구덩이 속에 던져졌다가 다시 갈고리에 낚여 올라온다.

무쇠솥 속에서 끓여지고 칼로 다져진다.

마아라의 입술이 약간 일그러진다. 때마침 여비서가 김이 모락모락 피어오르는 커피를 쟁반에 받쳐들고 들어와 마아라에게 건넨다. 몸무림치는 존재들 한 무리가 시뻘겋게 단 석탄구덩이 속으로 떨어져가는 모양을 보면서 커피잔을 우아하게 받아든다. 여비서가 화면을 보고 천녀답게 입을 예쁘게 삐죽거린다.

"너무 끔찍하네요, 마아라. 왜 저런 끔찍한 곳을 그냥 놔두시는지 참 알다가도 모를 일이네요."

마아라가 검은 눈썹을 치뜬다.

"뭐라고? 마치 내 과실인 양 말하는구려. 지옥은 솔직히 내 마음에 드는 보처補處[8]가 아니요. 나도 저 비참한 존재들이 제 푼수에 맞게 살 만큼의 양식이라도 지녔으면

---

8 [역주] 보처補處: 인간계가 중심이고 그 나머지는 인간일 때 지은 업의 뒤처리를 하는 곳이므로 보처가 됨.

싶어. 그러나 저들이 한사코 잘못된 길로 들어서는 데야 난들 어쩌겠어. 천상이든 지옥이든 실은 모두 자기네가 벌인 잔치놀음이지. 나는 다만 그들이 욕계 중생살이의 더할 수 없이 중요한 가치를 알아차리도록 도와주어 문제를 쉽게 만들고 있는 것뿐인 걸. 흠, 그런데 자네 커피는 언제 마셔도 자네처럼 질리질 않으니 이건 또 무슨 까닭일꼬?"

"아이, 짓궂으시기는……. 그나저나 이제 제발 화면을 다른 데로 좀 돌리세요."

마아라가 눈살을 찌푸린 채 마우스를 클릭한다. 바뀐 장면에 천녀의 얼굴이 활짝 펴진다.

"와, 이번엔 인간계네! 정말 재밌어, 어리석기 짝이 없는 이 어린[9] 사람들 노는 모습은."

마아라는 좀 더 깊이 이마를 찌푸리며 명멸明滅하는 영

---

9 [역주] 어린: 원문에는 little. 신들의 긴 수명에 비하면 인간은 고작 100 살 정도밖에 살지 못하니 갓난아기나 다름없겠다.

상들을 자세히 살핀다. 지하철 승강장을 바삐 오가는 행인들, 넋 잃고 텔레비전을 보며 앉아있는 일가족들, 거리에서 호객하는 매춘부들, 마을을 불태우는 군인들.

마아라는 생각에 잠긴 채 커피를 홀짝인다.
"아주 좋았어. 역시 인간계는 대체로 내 뜻대로 잘 돌아가 준단 말이야! 내 백성다워……."

화면은 어느새 뒤뚱거리는 닭 몇 마리와 비루먹은 개들이 어슬렁대고 있고 먼지가 풀풀 날리는 거리로 바뀌어 있었다. 남루한 옷을 입은 소년이 코뚜레 꿴 물소를 끌고 지나가는 길 옆 망고나무 그늘 아래에서는 사람들이 축 늘어져 기대앉아 담배를 빨고 있다.

"그런데 저기 조그만 틈이 있네. 성가시게시리."

이제 화면의 오른편 위에서 왼편 아래쪽으로 사선을 그리며 가사를 걸친 인물들이 줄을 지어 눈을 아래로 향한 채 조용히 걷고 있다. 몇몇 노부인들이 나타난다. 그리고 스님들의 발우에 찰밥덩이를 경건하게 담는다.

"정말 성가신 일이군. 다행히 새는 틈이 작긴 하지만 크나 작으나 중단시키자면 한참 바빠져야 하는 건 매한가지니 말이지. 너무 많은 존재들이 내 그물을 빠져나가게 놔둘 수는 없는 노릇이지. 안 그렇소? 만약에 대윤회의 세계가 고갈돼버리기라도 한다면 그땐 우리는 어디서 살지?

자, 시작해볼까. 이리 와요. 각 부대 사령관들에게 보낼 공문을 구술할 테니 내 무릎에 앉아 받아써요."

충성스러운 부하들에게

발신	마아라 나무찌 대왕
수신	전全 마군 사령관
작전대상	지역 인간계, 태양계, 지구
안건	현 상황 및 향후 역점 사업
일자	현現 불기佛紀 26세기[10]

친애하는 나의 군사령관들이여! 충성스러운 그대들의 헌신적인 노력을 이 자리를 빌려 치하해 마지않노라.

모두 주지하고 있듯이 우리의 웅대한 전략은 전반적으로 차질 없이 진행되고 있다. 우리의 자그마한 놀이터인 윤회계를 방황하는 대부분의 인간들은 아직 자신들이 처한 곤경의 본질을 제대로 알아차리지 못하고 있다. 그러므로 우리는 마땅히 그런 어리석은 인간들이 앞으로도

---

10 [역주] 서기 2010년은 불기 2554년으로 26세기임.

우리 손아귀에서 빠져나갈 수 없도록 배전의 노력을 기울여야 할 것이다.

지금으로부터 2500여 년 전, 뭐라 불러야 할까. 매우 영리한 물고기랄까, 그 한 마리가 우리의 그물을 뚫고 나갔던 사건을 모두 기억하고 있을 것이다. 본인은 그 엄청난 실책에 대한 책임을 통감하고 있다. 그대들도 군사훈련을 통해 그 내용을 모두 숙지했을 것이니 이 자리에서 다시 자세히 언급할 필요는 없을 것이다. 그러나 나도 당시에는 내 나름대로 최선을 다했었다는 사실만은 분명히 밝혀두고 싶다. 내 딸들의 유혹의 춤[11]으로도 그를 흔들 수 없었고, 나 스스로도 끔찍할 정도로 가공스런 형상을 지어 협박도 해봤지만 그에게만은 소용이 없었다. 더 참담한 것은 그가 우리의 작은 게임(윤회)의 본질을 확실히 꿰뚫어 본 이후에라도 내가 그를 설득해서 그 비밀을 혼자만 알고 발설하지 못하게 만들지 못했다는 사실이다. 나로선 당시 그를 거의 납득시킨 줄 알았었다.

---

11 [역주] 마아라의 세 딸은 딴하*Taṇhā*(갈애), 아라띠*Arati*(권태로움, 혐오), 라아가*Rāga*(탐욕)로 부처님이 보리수 아래에서 성도하기 직전 앞에 나타나 득도를 방해하려 했으나 실패했다.

이미 지난 일이야 어쩔 수 없다손 치더라도, 한 번 뚫린 작은 구멍을 통해 이후에도 인간들의 탈출이 계속 이어지고 있다는 사실은 실로 큰 문제이다. 그러나 다행히도 최근의 여러 징후들로 미루어 그 구멍은 시간이 갈수록 점점 작아지고 있다. 우리 그물에 갇힌 어린 물고기들로선 그 그물 바깥에 진정한 행복이 존재한다는 사실을 깨닫기가 매우 어렵다. 그러므로 우리는 자신들이 종국에는 통조림이 될 운명이라는 사실에 대해 생각할 틈이 없도록 그들을 엉뚱한 방향으로 내모는 일만 계속하면 된다.

나의 충성스런 군지휘관들이여! 나는 이 자리를 빌어 그대들의 성공적인 임무 수행을 치하하며, 앞으로도 각자 맡은 바 임무 수행에 최선을 다해 줄 것을 재삼 당부하는 바이다. 오늘은 그러한 우리의 다짐을 되새기는 의미에서 각 부대별로 차례차례 임무 점검을 해보기로 한다.

제1군 – '감관적 욕망' 부대

그대들이야말로 나의 제1군으로 칭송받아 마땅한 용사들이다. 대부분의 인간들은 그대들만으로도 능히 통제가능하다. 제1군 예하 5개 사단, 즉 시각 사단, 청각 사단, 후각 사단, 미각 사단, 촉각 사단들은 각각 보유하고 있는 감관적 쾌락의 마력으로 우리의 희생물들을 공격하라.[12] 존재들은 너희들 곁에 오고 싶어 자신들의 일생을 다 바치고 있다. 너희들의 희생 제물은 기꺼이 그리고 앞 다투어 제단에 오를 것이다.

그렇다고 해서 결코 공격의 고삐를 늦춰서는 아니 된다. 우리끼리야 공공연한 비밀이지만, 우리가 무기로 쓰는 상품이 겉만 번지르르한 허장성세일 뿐이라는 사실을 저들이 눈치 챌 위험성은 늘 있다. 감관적 쾌락이라는 것이

---

12 [역주] 이를 오욕락五慾樂, 또는 다섯 가닥의 감각적 욕망이라고 한다. 감각적 욕망*kāma*은 눈[眼]·귀[耳]·코[鼻]·혀[舌]·몸[身]으로 인식되는 대상들 즉 형상[色]·소리[聲]·냄새[香]·맛[味]·감촉[觸]을 원하고, 좋아하고, 마음에 들어 하고, 사랑스러워하고, 달콤해하고, 매혹적인 것으로 여기는 것이다.

실은 전적으로 불만족스럽고 실체 없는 가공물이라는 것을 우리는 잘 알고 있다. 우리가 아무리 머리를 짜낸다한들 완벽할 정도로 만족스럽고, 지속적이며 견고한 쾌락은 찾아낼 수 없다. 그러나 다행스럽게도 절대다수의 인간들이 아직은 이런 사실을 깨닫지 못하고 있다. 바보 같은 저 어린 녀석들은 모두 자신들이 지금까지 누린 쾌락만이 불완전할 뿐, 그 어디선가에서 자신들을 영원히 행복하게 해줄 수 있는 요술지팡이를 어떻게든 찾게 될 것이라 믿고 있는 것이다.

참으로 어처구니없는 생각인데도 막상 그들은 이런 것을 골똘히 파고들지 않는다. 그들은 당장에 좋은 것만 생각하지 앞으로 닥쳐올 결과 같은 것은 염두에도 두지 않는다. 그러니 우리는 그저 그 어리석은 자들이 계속 한 눈 팔며 즐기는 일만 일삼도록 몰아가기만 하면 된다. 인간들이 싫증내는 기색을 보이는 즉시 새 미끼를 계속 던져 주는 것이다. 그리고 성욕과 식욕처럼 기왕에 그 효력이 입증된 미끼들도 시대 변화에 맞춰 새롭게 변형시키고 새로운 맛을 더해 주는 노력도 기울여야 한다.

친애하는 나의 군사들이여, 그대들의 임무 수행이 지금까지 성공적이었음에 자부심을 가져도 좋다! 성욕을 예로 들어보자. 성욕이야말로 우리가 10억 년이 넘게 줄기차게 써먹은 최상의 무기이다. 그 단순한 생물학적 작용 속에 창조적 활용 가능성이 무한히 내재되어 있다. 그건 정말 얼마나 멋진 속임수인가! 그들이 그처럼 열광해 마지않는 기이하고 놀라운 변화, 그것도 따지고 보면, 감정의 흐름이라는 전류를 약간의 잔재주를 부려서 배선配線해 놓는 일과 간단한 육체적 접촉의 설치 이외에 달리 무엇이 있는가?

달리 말하면 우리가 관여하고 있는 일은 섹스 그 자체가 아니라 그것에 부수되는 온갖 주변적인 일들인 것이다. 즉 온갖 기대와 그에 따른 준비 행위들, 온갖 액세서리들 그리고 감정적 잡동사니들. 다행히도 세상에는 대부분의 인간들을 평생 매달리게 하고도 남을 만큼 이따위 시시한 소재들이 무궁무진하고, 게다가 우리는 한 생애 당 한 번 정도만 관여해주면 족하다. 그들은 같은 것을 더 누려보겠다고 계속 되돌아올 테니까. 안 돌아오고 배기나?

나는 근래 이 분야에서 우리가 괄목할 만한 성과를 거두고 있다는 사실을 여기서 특별히 밝혀두고 싶다. 과학 기술이 바로 그 대표적이고 소중한 자산이다. 은판사진술[13]을 쓸 줄 알게 되자마자 그들은 여자의 나신부터 마구 찍어대기 시작했다. 물론 우리는 거기서 그치지 않고 컬러 사진술과 영화와 비디오 기술까지 개발하게끔 만들었다. 그 결과 인간들은 성적 욕구를 충동질하는 이미지들을 언제 어디서나 쉽게 손에 넣을 수 있게 되었다. 더구나 최근에는 인터넷을 통해 그런 자료들이 무차별로 뿌려지고 있으니, 그들은 이제 더 이상 은밀히 그런 것들을 찾아다닐 필요조차 없어졌다. (나도 웹페이지 하나쯤은 가져야 될지 모르겠다. 아니 아니지, 그런 귀찮은 일을 자초할 필요야 없겠지)

과학 기술 자체가 크게는 감각적 욕망의 산물이다. 좀 더 편리하려는 또 쾌락을 쉽게 얻으려는 인간들의 욕망 때문에 여러 발명들이 이루어지고 있는 것이다. 기술이

---

13 [역주] 은판사진술銀板寫眞術은 1837년 프랑스의 다게르가 발명한 은판 위에 물체의 모습을 고정시키는 방식의 최초 사진술이다.

그들의 경제 전반을 운전하여 가뜩이나 짧은 인간들의 삶을 더욱 눈코 뜰 새 없도록 만들고 있다. 그들은 원한다. 아니 필요하다고 생각한다. 자동차가, 스테레오가, 컴퓨터가 그리고는 다시 더 새로운 자동차가, 더 새로운 스테레오가, 더 새로운 컴퓨터가⋯⋯. 우리는 그들로 하여금 이따위 갖가지 기계 장치들에 계속 욕심내도록 만들어 놓기만 하면 된다. 일이 많아질수록 자신을 되돌아볼 시간은 줄어들 테니까.

우리 대大적수[14]의 가르침이야말로 이렇게 원대한 우리 사업의 유일하고 중대한 장애물이다. 그는 감관적 쾌락에 내재된 위험성을 인간들에게 거듭거듭 경고했다. 그러니 우리라고 그런 대적수를 두고 볼 수만은 없었다. 우리는 여러 세기에 걸친 각고의 노력 끝에 그가 설파한 진리에 갖가지 엉터리 가르침을 뒤섞고 마침내 그들이 바른 법[正法]을 찾기 어렵도록 만드는 데 일정한 성과를 거뒀다. 또한 인간들 중에는 '스승'을 자칭하고 나서는 자들이 많은

---

14 [역주] 부처님을 가리킨다.

데, 그들 대부분은 신나서 우리 이론을 자기 말인 듯 떠들고 다니는 자들이다. 그 용감한 자들은 출리出離[15]의 개념을 흐려놓는 데 만족하지 않고, "열정 그 자체가 바로 깨달음이다."라는 황당한 주장까지 서슴없이 펼친다. 게다가 세상에는 그런 미끼를 좋아하는 물고기들 또한 무수하니 우리 입장에서는 그야말로 금상첨화일 밖에!

만약 인간들이 자신을 돌아보기 시작하거나 아니면 좀더 고약하게도 욕망을 자제하고 명상 수행까지 행하는 불행한 상황이 닥친다 해도 포기해서는 안 된다. 자칫 그런 상황을 방치하다가는 그들이 정말 우리 손아귀를 빠져나가는 길을 찾아내는 위험천만한 사태까지도 벌어질 수 있다. 그들이 우리의 속임수에 의한 행복이 아닌 진정한 행복의 의미를 찾아내는 데 성공한다면 우리는 속수무책이다. 그러므로 우리는 그런 상황에 이르기 전에 모든 수단을 강구하여 그들의 주의를 산란하게 만들어야 한다. 그

---

15 [역주] 출리出離 *nekkhamma*: 감각적, 세속적 욕망*kāma*에서 벗어남을 의미한다. 십바라밀 가운데 하나이며 팔정도의 바른사유[正思]에 포함된다.

렇게 해야 혹시 그들이 수행을 한답시고 조용히 앉더라도 적어도 한 동안은 그 마음을 딴 곳을 헤매게 할 수 있는 것이다. 설사 그 대상이 불선한 것일지라도 잠시라도 집중된 마음은 그 대상을 영상화하고 붙잡게 되는데, 이렇게 생겨난 공상이야말로 우리에게는 실로 유용한 무기이다. 저들이 자신들의 신체의 참된 본성을 관찰하는 단계[16]에 이르도록 방치해둬서는 안 된다. 그대들도 잘 알고 있겠지만, 백치가 아닌 인간이라면 누구나 자기가 끌고 다니는 살덩어리 몸뚱이가 본질적으로 불결하고 불안정하다는 사실을 알아차릴 수 있다. 그럼에도 그들은 어리석게도 겨우 남들과 잘 어울리고 싶어 그 냄새나는 몸뚱이를 쉬지 않고 씻어대고 향수까지 뿌려댄다! 그렇게 대부분의 인간들은 자신의 본질을 알지 못하고, 또 알려고 하지도 않는다. 그러니 우리는 소위 특정 모습을 '아름다움'이라고 강조하는 고도의 술수를 써서 인간들의 관심을 늘 자기 외모에나 두도록 만들면 된다. 그거야말로 참으로 손

---

16 [역주] 몸에 관한 마음챙김*kāyagatā sati*을 뜻한다. 《염신경》(금구의 말씀 〈고요한소리〉 참조.

쉽고 효과적인 계략이다.

　그리고 한편으로는 그들이 몸에 관한 마음챙김을 하지 못하도록 세상의 온갖 풍설을 속삭여 주는 일을 등한히 해선 안 된다. 무슨 말인지 알아듣겠지? 몸의 추함에 대한 명상(부정관)[17]은 '생의 부정이요 극도의 긴장이며 억압적'이라고 속삭이라는 말이다. 따지고 보면 인간들이 가장 듣고 싶어 하는 말이 바로 그런 말이니, 이보다 더 쉽고 효과적인 방법이 또 어디에 있겠는가. 그들에게 한꺼번에 두 마리 토끼(세간과 출세간)를 잡을 수 있다는 허황된 믿음을 줘야 한다는 것도 잊어서는 아니 된다. 그런 방법들이 일단 먹혀들기만 하면 그 다음에는 아무런 걱정이 없다. 명상이든 뭐든 그들이 원하는 대로 하게 내버려두라. 두 가지 중에 어느 것도 버려야 할 필요가 없다고 생각

───────

17 [역주] 부정관不淨觀 *asubha-bhāvanā*: 몸의 서른한 가지 부분을 관찰하여 이 몸이 여러 가지 아름답지 못한 것으로 가득 차 있음을 깨달아 몸에 집착하는 마음이 없어지도록 수행하는 방법으로 몸에 관한 마음챙김 *kāyagatā sati*의 한 수행법이다. 또한 몸에 관한 마음챙김에는 시체가 변해가는 과정에 대한 명상법이 있는데 이는 시체가 부풀고 문드러져 가다가 결국 해골로 되어가는 것을 관상하면서 '이 몸도 그와 같고 그와 같이 될 것이며 그에서 벗어나지 못하리라'는 것을 깨닫는 수행법이다.

하는 한, 그들은 여전히 우리 손아귀에 들어 있는 것이다.

마아라는 팔을 올려 머리 뒤로 깍지를 끼고 한숨을 내쉰다. 그리고 머릿속으로 다음 편지를 구상한다. 잠시 휴식의 틈이 생기자 여비서가 컴퓨터 앞으로 다가가 무선 마우스를 움켜쥔다.

"마아라님은 제1군만으로도 충분하다고 생각하시는 것 같네요."

그녀는 연신 마우스를 클릭해 화면을 바꿔가며 천인천녀들의 움직임을 유심히 살핀다. 그러다 백조가 늘씬한 목에 천상의 감로수병을 걸고 우아한 자태로 떠다니는 연못가에서 멋쟁이 천인들이 노니는 장면에 화면을 고정시킨다. 재미있게 뛰놀던 천인들이 이따금 감로수를 마시러 다가서기라도 하면 백조들이 장난스럽게 물보라를 일으키며 수면 위로 날아오른다.

"어떻게 즐기는 게 재미있는 건지 마아라님은 정말 잘 아시네요!"

마아라가 음흉하게 대답한다.

"허허, 그걸 이제야 알았소? 그래, 아무리 제1군이 강력하다고 해도 만사불여튼튼이라 했으니 지원군을 보내서 나쁠 게 없겠지."

여비서는 어느새 천인들의 놀이판에도 싫증이 났는지 또 다른 세상들을 향해 점점 빨리 마우스를 클릭한다. 마아라가 그런 그녀를 흐뭇한 표정으로 바라보며 말한다.

"자, 이제 그쯤 해두고 다시 일을 시작해요⋯⋯."

제2군 – '권태' [18] 부대

친애하는 제2군 '권태' 부대에도 격려와 축하를 보낸다! 주지하다시피 제1군과의 합동 작전이 그대들의 임무이다. 그대들은 '감관적 욕망'이라는 무기로 적과 보병전을 전개하는 제1군을 도와 융단 폭격으로 적의 방어선을 무력화시키는 포병 역할을 수행하는 용사들이다. 우리의 목적을 달성하기 위해서는 인간들이 계속해서 현실을 불만족스럽게 여기도록 만들어야 한다. 지루해진다는 것은

---

18 [역주] 권태로움으로 번역한 아라띠*arati*는 경에서 주로 무디따*muditā*(더불어 기뻐함)와 대對가 되는 술어로 나타난다. 이 경우에 싫어함, 혐오가 그 적극적인 의미이고 넓게는 깨나름함, 따분함, 지루함 등을 함께 포괄하는 술어이다. 저자는 boredom으로 쓰고 있으므로 여기서는 후자의 뜻으로 '권태로움'으로 옮긴다.

바로 혐오상태에 들었다는 증거다. 현재 자신들의 감관에 입력되고 있는 것이 원하는 만큼 스릴 있는 즐거움을 제공해주지 못하고 있고, 그래서 인간들이 그네들 어법대로 하면 '밋밋한 상황'에 대해 짜증을 내고 있다는 소식인 것이다. 그들은 지루하고 권태로워지자 새로운 짜릿한 자극을 통해 지루한 상태를 치유하기를 바라게 되었다. 그 자극은 나의 제1군이 열심히 제공해 줄 것이다. 그들은 감각적 쾌락에 빠져들 것이며, 다시 한 번 우리가 원하는 자리에 그들을 앉히게 될 것이다. 새로운 '존재'[19]의 터전이 이래서 마련되는 것이다.

진짜 사기 치는 거지! 우리는 중생들이 언제나 새롭고 자극적인 것을 지속적으로 갈구하게 만들고 있다. 그래서 가엾은 애완용 다람쥐들이 쳇바퀴를 돌리듯이 중생들은 기나긴 윤회의 수레바퀴를 끊임없이 돌리고 있는 것이다.

---

19 [역주] 존재[有]로 번역되는 봐와*bhava*를 영어로 becoming으로 옮기고 있듯이 우리의 삶은 그냥 존재가 아니고 갈애와 집착을 통해서 끊임없이 '되어가는' 과정이다. 즉 존재는 어떤 고정된 불변체가 아니라 끊임없이 생멸하는 진행 과정 그 자체임을 뜻한다.

만약 중생들이 정신을 차려서 이 윤회의 수레바퀴를 얼마나 오래 돌리고 있었는지를 깨닫게 된다면 그리고 새롭고 참신하게 경험해 볼 것은 아무것도 없음을 깨닫게 된다면……

물론 우리는 그런 일이 일어나도록 방치해서는 안 된다. 그래서 필요한 계략이, 그들로 하여금 바로 지금 이 순간에 주의를 기울이지 못하도록 하는 것이다. 일단 그들이 현재에, '지금-여기'[20]에 온전히 머물게 되면 권태가 비집고 들어갈 틈은 없어진다. 근래 우리는 고요와 투명을 적극적으로 저상沮喪하는 사회 분위기를 조장해왔다. 그 결과 현대 문화는 모두 급하고 열광적인 특성을 가지게 되었다. 음악에서부터 옷차림에 이르기까지 유행의 변천 속도는 엄청나게 빠르고, 대중들은 그것을 좇기에 정신이

20 [역주] '지금-여기'로 번역한 딧타담마*diṭṭha-dhamma*; here-and-now는 기본적으로 '현재', '지금 여기', '금생' 등으로 해석이 된다. 과거생과 미래생에 대對가 될 때는 금생의 의미가 되고, 과거와 미래에 대가 되어서 나타날 때는 현재의 의미가 되고 지금 여기라는 의미로 쓰일 때는 바로 지금 여기에서 등의 의미가 된다. 불교수행의 핵심은 매순간 지금 여기를 관觀함으로써 마음챙김*sati*을 굳건히 다져 상想의 피상적 인식을 배제, 모든 현상들의 실상, 즉 무상·고·무아를 통찰하는 것이다.

없다. 대중은 정치精緻함보다 격렬함을 선호하게 되었다. 특히 지난 반세기 동안 우리는 인간의 주의 집중 지속 시간을 단축시키는 데 괄목할 만한 성과를 거두었다. 그 일에는 텔레비전의 역할이 지대했고, 특히 그에 부수되어 발명된 리모컨이 인간들을 나태하게 만든 일등공신이다. 현대에 이르러 인간들의 주의 집중력은 반시간짜리 이야기마저도 가만히 앉아서 들을 수 없을 정도로까지 떨어졌다. 재미있는 영상물일지라도 단일 주제로는 반시간을 붙잡아놓을 수 없는 형편인데 그런 그들이 조용히 홀로 앉아있겠다고? 한번 해보라지.

이 분야에서 우리는 멋들어지게 승리를 거두었고, 급기야 인간들은 지루함이야말로 견딜 수 없는 인생고苦라고까지 생각하기에 이르렀다. 물론 살아남기에 급급해서 모든 육체적 에너지를 몽땅 거기에 쏟아 부어야 했던 시절에는 이런 일이 있을 수 없었다. 그러나 이제 우리는 자신의 동반자마저도 참아내지 못하는 활력 잃은 어설픈 인간들이 넘쳐나는 세대를 대하게 되었다. (하기야 그들 탓으로만 돌리기는 뭣하지만)

사람들은 스스로 '권태'라는 가상 지옥을 만들고 있다. 우리는 대도시의 지하철 속에서, 도처에 줄지어선 군중 속에서, 북적거리는 사무실 속에서 언제 어디에서나 그런 인간들을 만날 수 있다. 그들의 따분하고 무기력한 표정 과 흐리멍덩한 눈동자에는 어떻게든 현실에서 벗어나 어디로든 떠나기를 꿈꾸는 그들의 마음이 적나라하게 드러나 있다. 아, 가련한 중생들. 그들은 자기들이 언제나 있어야 할 유일한 곳이 바로 지금 여기[21]의 현실뿐이라는 사실만 깨달으면 되는데.

권태는 우리의 대적수가 위바와딴하*vibhava-taṇhā*라 부른, 우리말로 바꾸면 '존재 소멸에 대한 갈애[無有愛]'[22]라고 부른 것에 기반 한다. 그들은 자신이 누리고 있는 존재 상태가 견딜 수 없다고 문득 판단하는데 물론 자신들의 심리상태에 주로 기인한 것이다. 이런 경향 때문에 인간

---

21 [역주] 여기서 쓰인 '지금 여기'는 불교수행에서 말하는 '지금-여기'가 아니라 마아라의 지배에 순응, 현실을 숙명으로 받아들일 때의 지금 상황을 가리킴.

22 [역주] 존재하지 않으려는 갈애는 단견斷見과 관련 있고, 존재하려는 갈애는 상견常見과 관련 있다. 본문의 제4군 '갈애' 참조.

들은 현재의 상태를 지워 없애고 싶어 하게 된다. 이런 정신 작용은 극단적인 경우 자살로까지 이어지는데 결국은 더 저열한 생명을 받아 다시 태어나는 결과를 초래하게 된다. 그렇게 극단으로 치닫지 않고 좀 더 온건하다 싶은 경우로는 술·마약·잠·얼빠진 오락 등으로, 이것들은 야금야금 자신을 파멸시켜 간다.

우리의 두 가지 전략인 쾌락과 무기력의 덫에 걸려있는 한, 인간들은 결코 우리 손아귀를 빠져나갈 수 없다. 그러나 만약 그들이 헤매다가 '중中'에 부설되어 있는 진짜 탈출로[23]에 접근하는 사태가 발생하면 그땐 우리도 죽기 살기로 막아야 할 것이다. 그들에게 잠시의 틈도 주지 말아야 한다. 그들의 귀에 우리가 예로부터 즐겨 써먹던 감언이설을 끊임없이 속삭여줘야 한다.

---

23 [원주] '중에 부설되어 있는 진짜 탈출로'는 부처님께서 발견하시고 가르치신 중도를 일컬은 것이다. 중도는 감각적 쾌락에 대한 갈애, 존재 거부[無有]에 대한 갈애 그리고 이런 갈애들이 당연히 빚게 되는 견해들과 수행법 등 극단을 피한다. 그 대신 연기緣起와 사성제에 대한 이해에 기반한 팔정도의 계발에 초점을 둔다.

"이 얼마나 따분한 노릇인가. 나가자. 나가서 생을 즐기자."

"아휴, 목말라. 마아라, 잠시 쉬며 소마[24]를 마시는 게 어때요?"
마아라의 지시를 받아 적느라 힘이 들었던지 여비서가 뿌루퉁해서 한 마디 한다.

"모든 존재들은 식食으로 지탱한다[25]……."

여비서가 크리스털 물병에서 반짝이는 천상주를 한 잔 따른다.
"방금 뭐라고 하셨죠?"
"별 건 아니고, 예전에 읽었던 책 속의 한 구절이 문득 생각나기에."
"우리 마아라님은 정말 유식하셔……!"

---

24 [역주] 소마soma는 천상의 신들이 마시는 신주神酒이다.

25 [역주] 《상응부》〈인연상응〉에 나오는 말을 마아라가 인용하고 있다. 식食 āhāra은 음식, 자양물, 양육 등을 뜻한다. 단식段食(형체가 있는 음식), 촉식觸食, 의사식意思食, 식식識食의 네 가지가 있다.

여비서는 애교를 떨며 다시 마아라의 곁에 다가가 필기장의 페이지를 넘긴다.

제3군 - '기갈'[26] 부대

나의 친애하는 제3군 가공할 위력의 부대여, 안녕한 가? 그대들의 전법은 내가 애호하는 제1군의 세련된 전법에 비해 덜 세련된 면이 있지만 효력은 막강하다. 그대들이 일으키는 기갈은 성적인 욕망보다 더 원초적이다.

성애性愛, 중생들은 그것 없이는 살아갈 수 없다고 생각한다. 그러나 먹고 마시는 일이 생명을 유지하는 데 필수불가결한 요소들임에 비해 성애는 한낱 환상에 불과할 뿐이다.

오늘날에 와서는 인간이라 불리게 된 종내기들을 유혹해 나의 영역 제1번지에 속하게 만든 것이 기갈의 군대인

---

26 [역주] 기갈飢渴 *khuppipāsā*; hunger and thirst: 배고픔과 목마름을 말한다.

그대들임을 나는 영원히 잊지 않을 것이다. 아, 그게 언제 적이었지? 한 이삼십억 년 되었나? 그런데 마치 어제 일처럼 기억에 생생하구나. 그때는 이 거대한 땅덩이가 형체를 갖추기 이전의 공空의 상태였지. 스스로 빛을 발산하는 그곳의 존재들은 선정의 기쁨을 먹고 사는 찬란한 존재들이었지.

흠! 우리는 그들을 어떻게 해볼 수가 없었어. 참 난감한 상황이었다. 궁리 끝에 우리는 바다를 휘저어 맛있는 거품을 일으켜 놓았지. 마침내 그들 중 몇몇이 조금씩 호기심을 보이기 시작하더군. 그래서 기회를 놓칠세라 끈덕지게 달라붙었지. 신神과 같던 그들의 귀에 대고 교활하게 속삭였어.

"음, 맛있는데." 수천 년 동안 우리는 참을성 있게 계속 그런 식으로 속삭였지. 그러자 그들이 하나 둘씩 모여들어 손가락으로 거품을 찍어 조심스레 입에 대고 맛을 보기 시작하더군. 그런 일이 몇 차례 거듭되자 그들은 그 조악한 물질성의 먹이를 흡수하기 시작했고, 그에 따라 그들의 형태도 점점 조악하게 변해갔지. 은연중에 그들은 점점 더 거친 형태를 띠게 되었고, 그럴수록 더 많이 더 조

악한 음식을 필요로 하게 되었어.[27] 하하, 드디어 기름투
성이 햄버거를 사러 줄지어 서 있는 저 바보들로 만들어
놓는 데 성공하게 되었지.

물론 창자가 비었을 때 나타나는 순수한 생리적 반응
같은 것은 우리의 진짜 무기가 아니다. 우리의 주무기는
상상이 만드는 가공의 허기이다. 맛에 대한 탐욕, 향기에
대한 욕망 따위 말이다. 인간들은 음식에 대한 생각에 사
로잡힐 수 있다. 사로잡히는 형태도 다양하고 재미있다.
별미를 맛보기 위해서라면 돈을 아까워하지 않는 미식가,
식이요법을 마치 만병통치의 주술인 양 맹신하는 건강 편
집증 환자, 칼로리 과잉 섭취의 대식가 그리고 병적인 허
영심으로 체중 감량을 추구하여 배를 주리고 있는 신경
성 무식욕증 환자. 그들 모두는 단순히 유기체를 위한 연
료에 불과한 음식물의 의미를 과장하고 있는 것이며 이는

---

27 [원주] 여기서 마아라가 하고 있는 이야기는 《장부》 27경 〈세기世紀경
   Aggañña Sutta〉에 바탕을 두고 있다. 이 경은 인류가 어떻게 천인天人과
   같은 존재에서부터 퇴화해 왔는지를 밝히고 있는데, 경에 의하면 퇴화
   의 시작은 천인적 존재들이 바다 수면 위를 부유하는 태고의 영양정精
   을 맛본 것이 거친 육신으로 발전하게 된 계기라고 한다.

어리석은 상태[癡闇]의 발로인 것이다. 또 신체적 느낌이라는 면에서의 인내력 부족 역시 매우 중요한 우리의 사업이다. 인간들은 항상 만족을 추구하고 있다. 우리가 도저히 공급해줄 수 없는 유일한 것이 바로 그 '만족'이라는 사실을 그들이 눈치 채지 못하도록 해야 한다.

비록 상상이 빚는 가공의 배고픔이 우리의 주무기이기는 하지만 생짜 그대로의 배고픔, 음식에 대한 실질적 욕구 역시 우리의 목적에 도움이 된다. 인간들은 누구나 신체를 유지하는 데 필요한 음식물을 얻기 위해 농장일이나 공장일 따위의 세간 활동을 수용하게 된다. 이런 활동이 바로 업이 되며 이 업이 감각 세계의 몸 받는 과정을 운전한다. 제군도 이것을 잘 알고 있다.

우리의 대大적수 또한 너희 제3군의 위험성을 간파하고는 그가 늘 그러하듯이 기갈의 늪을 건너가는 중도中道를 분통 터질 만큼 정확히 가르쳐버렸다. 그는 극도의 단식斷食을 몸소 시도해 보고는, 대식大食이나 매한가지로 우리의 목적에 잘 부합되는 이 단식을 수행체계로부터 제외시

켜버렸다. 그의 승가 계율은 음식의 절제와 제한된 형태의 단식, 즉 하루 중 어느 한나절(오전 또는 오후) 동안 식사를 하지 않을 것을 규정하고 있다.

그럼에도 불구하고 여전히 그대 '기갈' 부대는 나의 손아귀를 벗어나려 애쓰는 승려들을 저지하는 가장 강력한 무기 중 하나이다. 우리는 종종 맛있는 음식의 환상으로 비구들의 마음이나 꿈을 어지럽힐 수 있다. 독신 수행자들은 주로 식욕의 형태로 관능적 욕구를 배출한다는 점을 항상 명심하라. 우리는 불교의 계율[28]을 따르지 않는 여타 종교의 성직자들에서도 이 분야에서 때때로 큰 성공을 거두기도 했다. 유쾌한 수도사 먹보 터크[29] 같은 수도자들이 바로 그 전형이 아니겠는가!

요컨대 그들이 마음을 챙기며 식사를 하게 되는 사태가 일어나지 않도록 막아라. 만일 인간들이 잠시도 방심

---

28 [역주] 적수의 계율이란 부처님께서 제정한 계율[律藏 *Vinaya*]을 이른다. 계율은 경·론과 더불어 불교 경전인 삼장을 이루면서 정·혜와 더불어 불교 수행체계인 삼학三學을 이룬다.

29 [역주] 터크는 로빈 후드Robin Hood의 동료로서 쾌활하고 먹기 좋아하고 싸움하기 좋아하는 먹보 수도사이다.

하지 않고 감각과 느낌의 일어남을 관觀하면서, 주의 깊게 식사를 하게 되면 그땐 너무 많은 것을 알아내 버릴 것이다. 그것은 우리에게 매우 위험천만한 일이다. 그러나 그 실천이 매우 어려운 데다가, 모두 알고 있겠지만 그런 어려운 수행법을 좋아하는 자들 또한 극히 적다는 것은 우리에겐 불행 중 다행이다.

작금의 세계 상황을 살펴볼 때, 그간 그대들 노력이 대단한 성과를 거두고 있는 것으로 여겨진다. 세계의 절반이 기아에 허덕이고 나머지 절반은 비만에 시달린다. 두 경우 똑같이 음식에 사로잡혀 있는 것이다. 인간들을 그런 방향으로 계속 유지시켜라. 그러면 우리의 영역 밖에 있는 일들에 생각을 돌리지 않을 것이다.

마아라는 생각에 잠겨 회전의자를 한 바퀴 돌리며 새삼스레 주위를 돌아봤다. 호사스럽게 꾸며진 사무실과 자신의 곁을 지키는 아름다운 천녀, 게다가 잘 다듬어져 반짝거리는 손톱. 아, 자신이 어둠의 제왕 마아라라는 이 엄연한 사실이 얼마나 신나고 다행스러운가!

제4군 – '갈애' [30] 부대

임무수행에 불철주야 여념이 없는 제4군 '갈애'의 부대에 격려와 축하를 보낸다. 특히 제4군은 '애욕의 사단', '존재 욕구의 사단', '존재 거부 욕구의 사단'으로 과업이 분할되어 있는 만큼 각자의 업무에 대한 정확한 인식이 요청된다.

제1사단 '애욕의 사단'은 내가 애용하는 제1군 '감관적 욕망'의 부대와 임무가 중복되므로 제1군에 보낸 서한의 복사본을 보낸다.

여비서가 고개를 갸웃거렸다.

"마아라님, 이 임무 중복 건에 대해서는 뭔가 조치가 필요하지 않을까요?"

"어떤 일이 있다 해도 제1사단은 구조조정 대상이 절대로 될

---

30 [역주] 갈애渴愛는 딴하*taṇhā*의 역어로 갈증, 목마름을 뜻한다. 즉 감각 대상을 애타게 구하는 것이다. 갈애는 ① 애욕 형태의 갈애[慾愛 *kāma-taṇhā*] ② 존재 욕구 형태의 갈애[有愛 *bhava-taṇhā*] ③ 존재 거부 형태의 갈애[無有愛 *vibhava-taṇhā*]의 셋으로 분류된다. 법륜·열다섯 《사성제》 〈고요한소리〉(2021, 69쪽) 참조.

수 없으니 쓸데없이 끼어들지 말게나. 그런데 어디까지 했더라?…… 그래, 여기서부터 다시 시작하지."

중생들의 존재 욕구 촉진을 그 임무로 하는 제2사단의 역할은 아무리 강조해도 지나침이 없다. 그것은 존재계의 존속이 전적으로 그대들의 노고 덕분이기 때문이다.

우리의 대적수는 일찍이 연기[31]의 공식으로 존재의 재생 과정을 상세히 설명해놓은 바 있다. 내키지 않지만, 그 설명이 하도 정확하고 명쾌하여 우리도 그걸 부정할 도리는 없다. 이 자리에서는 그 과정의 세세한 내용까지 들여다 볼 필요는 없을 테니 관심 있는 자들은 관련 문헌[32]을

---

31 [역주] 연기법緣起法 *paṭicca-samuppāda*은 '의지하여 일어남'을 뜻하며 '이것이 있으면 저것이 있고, 이것이 생기면 저것이 생긴다. 이것이 없으면 저것이 없고, 이것이 멸하면 저것이 멸한다.'로 요약된다. 사성제, 팔정도와 더불어 불법의 핵심이 되는 이 연기법은 12연기로도 설명되며 윤회를 포함한 모든 존재 현상이 인과적으로 조건지어져 가는 과정을 밝힌다. 12연기의 각 항목은 다음과 같다. 무명無明-행行-식識-명색名色-육처六處-촉觸-수受-애愛-취取-유有-생生-노사老死

32 [원주]《상응부相應部》〈인연상응因緣相應 *Nidāna Saṃyutta*〉(SN 12),《장부長部》〈대인연경大因緣經 *Mahā-Nidāna Sutta*〉(DN 15),《중부中部》〈대애진경大愛盡經 *Mahātaṇhā saṅkhaya Sutta*〉(MN 38) 등.

참고하도록 하라. 지금 우리 손아귀에 있는 자들은 스스로 선택해서 존재를 지속하고 있다는 점을 전제하고 그런 관점에 입각해서 우리에게 당장 유용한 측면만을 골라서 연기緣起의 개념을 고려해 보기로 하겠다.

우선 이 점을 명확히 해둬야 할 것 같다. 존재들은 보통 존재한다는 것이 무엇을 의미하는지 알려고 하지 않는다. 도대체 갈애라는 것이 있다는 것조차 대부분의 존재들은 의식하지 못한 채 살아간다. 그것은 전적으로 그대들의 은밀하고 성공적인 임무 수행 덕분이다. 원래 존재욕구는 통상적으로 이차적인 파생 형태로 표출된다. 사랑 받고 싶고, 부자가 되고 싶고, 건강하고 싶고, 미합중국 대통령이 되고 싶고 등등의 투박한 형태로, 다시 말해 단순히 '존재하려는 의지'로서가 아니라 특정의 이것 또는 저것이 되고 싶다는 갈망의 형태로 나타난다.

따라서 제2사단은 두 갈래로 공격을 가하되 가능한 한 어떻게 해서든 특정 형태로 표출되는 이차적 갈애, 이것 또는 저것으로 존재하고 싶어 하는 갈애를 계속해서 키워주어라. 최근에 우리는 이 일을 아주 잘 해내고 있다. 사회가 위계적으로 고정되어 있어 개인의 개성 발휘가 제약을 받던 시대에는 우리도 힘쓸 여지가 제한되어 있었다. 그러나 최근 수 세기동안에 옛날의 폐쇄성이 주던 안정된 사고는 점차 적합하지 않게 되었다. 이제 사회는 너무나 개방된 나머지 거의 총체적 혼돈에 가까울 정도가 되었다. 소위 이 '자유'가 과연 그들에게 실질적 이익이 되고 있는가. 다시 말해 그들 대부분은 록 스타도, 대통령도, 그밖에 그들이 갈구해 마지않는 다양하고 우스꽝스러운 그 어떤 목표도 이룩하지 못하게 된다는 문제를 내가 거론하려는 것은 아니다. 그까짓 거야 어찌 되었든 상관없다. 우리의 목적을 위해서는 그들이 그것을 원한다는 것, 그 사실이 중요하다. 그 꿈이 시들지 않고 계속 생동하도록 도와주어라. 그러다 상황이 정히 여의치 못하게 돌아가 아주 어려워지거든 로또 복권이라는 속보이는 무기마저 꺼내어 적극 휘둘러라.

가끔 자신들이 원하던 뭔가를 진짜로 이뤄냄으로써 우리까지 놀라게 하는 인간들이 있긴 하다. 그런 자들에 대해서는 판돈을 좀 더 키워주면 대개의 경우 해결된다. 어쩌다 대통령 자리를 거머쥔 자에게는 위대한 대통령이 되어보라고 유혹하라는 말이다. 우리가 최선을 다해 노력했는데도 소박하고 평범한 생활에 만족하고 안주하려 드는 부류도 가끔 나타나는데, 이런 현상이야말로 전혀 달갑지 않은 일이다. 그런 경우에는 작전 제2안, 즉 순수하게 존재 그 자체를 갈구하는 근원적인 갈애 쪽으로 그들을 몰아라.

이럴 때 우리가 항상 써온 무기가 상견[33]이라는 신조이다. 그들에게 "너는 이미 영생의 존재거나 아니면 영생할 수 있다. 너의 본질[我·靈魂]은 영원히 지속될 것이다."라고 속삭여 주어라. 그들이 죽음에 대해 생각하도록 놔둬서는 아니 된다. 그들은 대부분 죽음에 대해 생각하기를 싫

---

33 [원주] 상견常見 sassata-diṭṭhi은, 살아있는 존재는 영속하는 자기-주체 (아뜨만atman 또는 영혼)를 가지고 있는데 이 자기-주체는 불멸이고 육신이 죽은 후에도 영속한다는 사상이다. 이러한 상견과 결부된 갈애가 '존재 욕구 형태의 갈애'이다. 반면 단견斷見 uccheda-diṭṭhi은 모든 살아 있는 존재란 단지 움직이는 물질의 산물에 지나지 않으며 의식意識은 죽음과 동시에 사라진다는 사상이다. 이러한 단견과 결부된 갈애가 '존재 소멸에 대한 갈애'이다. 상견과 단견은 두 가지 주요 삿된 견해이다.

어하는 자들이니, 설득이 그리 어렵지 않을 것이다. 어떤 식으로 끼워 맞추든 간에 상견의 취지만 살리면 우리 목적에 도움이 될 것이다. 앞뒤 아귀를 꼭 맞추려 애쓸 것도 없다. 이런 문제를 놓고 논리적 결론에 이르려고 골치 썩일 사람은 거의 없을 테니까. 다행스럽게도 인간 세상에는 상견이라는 밥상을 잘 차려주는 종교들이 여럿 존재한다. 당연히 그런 종교들을 권장, 격려해줘야 한다. 우리가 실시한 몇몇 작전의 성과로 유물론자와 회의론자들이 늘어나고 있다. 이들 중 상당수는 제3사단 존재 거부 욕구의 부대가 맡는 것이 나을 것이다. 그렇지만 그들 가운데도 의외로 많은 무리가 여전히 상견常見쪽 표를 사려 들 것이다.

생각이 단순한 사람들 중 대다수는 미용 성형술이나 모발이식을 해서 인위적으로 젊음을 연장시키는 정도로 만족할 테지만 개중에는 머리가 핑 돌 정도로 강력한 약이 아니면 안 되는 경우도 있을 것이다. 이들에게는 과학 만능의 신화, 참 어리석어빠진 신화가 최고 명약이다. 오늘날 많은 사람들은 언젠가는 과학이 인간의 수명을 원하는 만큼 얼마든지 연장해줄 수 있을 것으로 믿고 있다. 그래서 심지어 영생을 꿈꾸며 자신의 몸뚱이를 액화질소 통에 넣어 냉동시키는 자들까지 나오는 판이다. 고대 이집트인들을 기억하지? 그래서 나는 우리 연구 개발 부서 애들에게 미라 수법을 다시 꺼내 써볼 것인지의 타당성 조사를 시켜놓았다.

그러나 다각적인 우리의 노력에도 불구하고 대부분의 인간들에게서 존재에 대한 열정이 식는 것은 단지 시간문제일 것이다. 인간계에서의 삶이란 고역스럽고 야만스러운데다 실로 짧기 그지없는 경우가 너무나 많다. 이런 처지에 부닥치면 살고자 하는 의욕도 사라져버리게 마련이다. 그래서 '무유애無有愛' 즉 존재 소멸에 대한 갈애를 무기로 삼는 제3사단을 대기시켜 놓은 것이고, 그들이 사태를 잘 풀어나갈 것이다.

존재 거부에 대한 갈망은 외견상 단순한 혐오로 보일 수 있다. 빚에서 헤어나고 싶은 갈망, 가정생활에서 벗어나고 싶은 갈망, 어떤 부류이든 간에 도대체 존재로 다시 태어나고 싶지 않다는 거부의 갈망 등이 바로 그런 것들이다. 거기에 더해 긴 줄 뒤에 서지 않았으면 하는 욕망, 춤지 않았으면 하는 욕망 등 끝없이 '~이 아니고 싶어 하는', 전자들보다는 조금쯤 사소한 갈망들도 역시 쓸모가 있다. 이렇게 갈망하는 마음가짐들은 필연적으로 불만족을 야기하게 되고, 그래서 인간들은 점점 더 우리 손아귀를 벗어날 길이 없어지는 것이다.

그대들의 그 무시무시한 최후의 무기를 설마 잊어버리는 일은 없겠지? 앞서 열거한 재밋거리들로 인간들을 현혹시킬 수 없을 때, 절망감이라는 무기를 사용해 그들을 통째로 옭아매어 버려야 한다. 가련하게도 환상에 빠져 희망을 몽땅 투자했는데 그 모든 것이 물거품이 되어버렸을 때, 그때는 그들을 저 위험지대인 중간지대(중도)를 넘어 절망의 나락으로 떨어뜨리려면 살짝 밀쳐 버리는 것만으로도 충분하다. 햄릿을 기억하지? "사느냐, 죽느냐……." 참 멋진 말이야. 우리의 프로그램을 더할 나위 없이 잘 요약하고 있지. 어떤 방법을 써서라도 인간들이 죽기 살기가 아닌 제3의 대안이 있다는 것을 눈치 채지 못하게 해야 한다.

우리의 꼭두각시들 중 누군가가 절망감을 이기지 못해 실제로 목숨을 끊는 사건이 일어난다면 그건 우리에게도 득이 되지 않는다. 그러나 자살이라는 방법을 통해서는 그들이 결코 우리 손아귀를 빠져나갈 수 없으니 걱정할 일 또한 아니다. 게다가 우리는 죽음을 통하면 우리 손아귀를 벗어날 수 있다고 그들을 기만할 수도 있다. 그 이념적 근거가 바로 단견斷見이다.

역사적으로 이것은 소수파의 철학적 입장이었고 일부 지식인들을 유혹하는 데나 쓰이던 도구였다. 하지만 우리는 지난 삼사백 년 동안 이 사상의 대중화에 큰 성과를 거뒀다. 내가 처음 '데카르트 프로젝트'[34]를 시작했을 때 너희들 중에는 회의를 품는 자들도 있었지만, 결과적으로는 나의 선견지명이 증명되었다. 그들 중에서도 마음과 의식에 관련된 문제를 연구하는 신경학자, 인지심리학자 등

---

34 [역주] 데카르트는 정신과 물질을 서로 독립된 실체로 파악하였고 이것이 후에 스피노자나 기계적 유물론자들의 유물론적 경향의 길을 여는 계기가 되었다고 보는 이론이 있는데 이를 지칭한 말.

과학자들은 마음이란 뇌의 외현外現적 속성이라는 생각에 완전히 갇히기에 이르렀다. 물론 그들은 이 점에서 전연 증거를 갖고 있지 못했다. (어떻게 증거 제시가 가능하겠는가. 내가 속인 것인데) 그러면서도 마치 자명한 공리인 양 전적으로 받아들이고 있다. 너무나 과신한 나머지 그들은 자기네가 억단하고 있다는 사실조차 전혀 깨닫지 못하는 듯하다. 이런 태도가 일반 대중에게까지 스며들기 시작하고 있으니 이 얼마나 대단한 성공인가.

단견은 유물론, 소비중심주의, 속물주의, 자연 과학, 교권반대주의 등등 다양한 현대 사조들의 토대가 되고 있다. 이제 세상에는 몸과 마음이라는 것이 고깃덩이들로 구성된 기관과 그 기관의 기계 작용에 불과하다고 믿는 자들이 부지기수로 넘쳐나고 있다. 이런 관점은 필연적으로 도덕의 붕괴를 촉진시키게 된다. 이러한 유물론적 세계관을 전제하는 한 낙태, 안락사, 자살은 물론 대량 학살 같은 비윤리적 행위들이 범해지는 것을 막을 방도가 없을 것이다.

만약 인간들이 끝내 자기 자신까지 '파멸'시키는 일이 벌어진다면……? 그들에게 참 안됐긴 해. 하지만 저 까마득한 아래의 패거리들[35]에게는 일거리를 만들어주는 셈도 되니까.

제5군 – '해태와 혼침'[36] 부대

여비서가 기록장을 들여다보며 고개를 갸웃거린다.

"다음 부대는 '해태와 혼침'이라고 되어 있는데, 혼침이라는 게 뭐예요?"

"궁금하면 사전을 찾아보게나."

그 말에 여비서가 샐쭉한다.

"아이고, 됐습니다요."

---

35 [역주] '아래'란 지옥niraya을 의미하며 아래 있는 패거리들은 곧 지옥지기niraya-pāla를 가리킨다.

36 [역주] 해태懈怠 thīna란 몸과 마음이 나태함을 뜻하고 혼침昏沈 middha 이란 몸과 마음이 둔하거나 혼매함을 뜻한다. 이 두 가지 심적 요소는 함께 일어나고 이들의 작용으로 열정과 활력이 없어지므로 수행을 방해하는 다섯 장애 중 하나이다. 법륜·아홉《다섯 가지 장애와 그 극복 방법》〈고요한소리〉 참조.

잘 지내는가! 제5군, 흐리멍덩하고 굼뜬 '해태와 혼침'의 부대원들이여! 나는 그대들이 이 부대 명칭을 잘못 이해하는 일 없이 훌륭한 임무답게 잘 수행해 줄 것임을 믿어 의심치 않는다.

요즘 그대들의 세력이 쇠퇴하고 있는 것처럼 느낄지도 모르겠다. 사람들이 산업혁명 이후 점점 더 긴 시간동안 일을 하고 있는 걸 보면 그런 생각도 들 수 있을 것이다. 그러나 실제 내막은 전혀 딴판이다. 정신적 나태는 예전 그 어느 때보다도 치성하고 있다는 것은 그대들도 알고 나도 안다. 임시 미봉과 인스턴트 구원이 그들이 관심 갖는 전부일 정도이고 생과 사를 대하는 그들의 기본자세가 되었을 정도이니까.

자연의 섭리 또한 우리를 거들어 일을 수월하게 해준다. 엔트로피 법칙[37]이라는 우주적 근본 법칙이야말로 우리의 가장 든든한 동맹군이다. 이 법칙을 정신생활의 영역에 적용시키면, 의식이 무지의 암흑 속으로 되잠겨 들지 않도록 투쟁을 지속하기 위해서는 끊임없이 스파크를 일으키고 있지 않으면 안 된다는 얘기가 된다. 이 얼마나 힘겨운 일이겠는가. 그러니 그들의 노력을 조금만 이완시켜도 우리는 성공을 거두게 된다. 간단하다. 마음을 끄는 유혹, 그것이면 족하다. 그러면 틀림없이 그들의 경각심의 밀도가 저하될 것이다. 엔트로피 법칙이 실현되는 것이다.

안타깝게도 내 손아귀에서 벗어난 저 '중생들의 스승 [天人師]'[38]은 자주 노력과 근면을 찬양했다. 그것을 강조한 결과, 역설적으로 세월이 갈수록 그의 가르침의 대중적 인기를 바탕에서부터 무너뜨리는 주요인으로 작용을 했다. 한 예로 그의 제자 한명이 환속을 하고는 그의 가르침이 오직 그것을 따르고 실천할 경우에만 효과가 있기 때문에 좋은 가르침이랄 수 없다고 주장했던 일이 생각

---

37 [역주] 엔트로피entropy는 열역학, 통계역학 분야의 용어로 무작위 또는 무질서의 정도를 의미한다. 열역학 제2법칙에 따르면 한 시스템의 엔트로피는 꾸준히 증가한다. 즉 질서에서 무질서로 나아간다. 이를 일상 영역에 적용하면 게으름의 정도가 꾸준히 증가한다는 것으로 이해할 수 있다.

38 [역주] 천인사天人師는 부처님을 부르는 열 가지 명호[如來十號] 중 하나로 신과 인간의 스승이라는 뜻이다.

난다. 우리로서야 이 견해를 이치에 맞다고 역성들어주어 마땅하지.

이 부대가 하는 일에 동참하고 있는 우리 모두는 '고객' 들을 위해 우리가 만들어놓은 거대한 미로가 얼마나 복잡한 것인지 잘 알고 있다. 주도면밀한 노력으로 미혹迷惑의 층을 쌓고 또 쌓아 놓았다. 그러므로 중생들이 시작도 끝도 없이 얽힌 이 치암癡闇의 실타래를 끊고 나오기란 결코 쉽지 않다. 그렇지만 쉽지 않다는 말은 유감스럽게도 완전히 불가능한 일 또한 아니라는 뜻이다. 그러니 그대들은 배전의 노력을 기울여 항상 미리 손을 써야 한다. 그들의 칼이 무뎌진다면 어찌 치암의 실타래를 끊어낼 수 있겠는가!

자, 그럼 예전부터 잘 먹혔던 우리의 기법들을 다시 살펴보기로 하자. 먼저 잊지 말아야 할 것은 우리는 무딤, 권태, 무기력, 게으름, 부주의를 조장해야 한다는 점이다. 가장 오래된 것이지만 아직도 효과가 뛰어난 방편이 바로 잠이다. 그 중에서도 특히 크고 폭신하고 안락한 침대에서의 잠. 그들을 아침까지 이불 속에서 뒹굴도록 설득하는 것은 그리 어려운 일이 아닐 것이다. 하루에 여섯 시간 이상 침대에 묶어둘 수만 있다면 정녕코 그들은 우리의 노예가 된 것이다!

정신을 몽롱하고 취하게 만드는 온갖 약물들처럼 환상적인 무기들도 없다. 그런 것들을 입과 폐와 혈관 속에 넣고 싶어 안달하는 인간들이 부지기수니까. 이미 오래 전에 효능이 입증된 에틸알코올이야말로 그들을 인간 이하의 상태로 떨어뜨리는 능력 면에서는 오히려 그대들을 능가한다. 게다가 요즘 들어 우리는 자연추출물에서 화학적 합성물에 이르기까지 인간들의 지적 능력을 저하시키는 효능이 탁월한 새로운 물질들을 다양하게 보유하게 되었다. 화학을 통한 보다 나은 삶이라! 많은 인간들이 제정신을 가누기가 버거워서 산업혁명이 가져다준 각종 중독성 부산물들을 게걸스레 탐닉하고 있다. (산업화야말로 우리에게 예기치 못한 이로움을 가져다 준 대 사건이었다!)

과학기술 분야에서는 감히 텔레비전에 필적할 만한 것

이 없다. 텔레비전은 인간의 관능을 자극하는 영상들을 파노라마로 쏟아냄으로써 그들을 다른 어떤 생각도, 어떤 노력도 할 필요가 없는 완전한 멍청이로 만들어 버린다. 내가 처음 '바보상자 프로젝트'를 시작할 당시만 해도, 텔레비전이 교육적, 문화적 측면에서 인간들의 사고를 고양시킬 소지가 있다는 우려에서 일부 회의적 반응이 있었던 것도 사실이다. 그러나 오늘날 인류 전체가 브라운관에 목을 매고 있는 현실 앞에서 그 원대한 계획에 대한 나의 정당성은 만천하에 입증되고도 남음이 있다.

"아, 그래서 마아라님이 텔레비전만 보시면 그렇게 뻐기시는
군요!"
"아니, 모처럼 내 자랑을 할 땐 제발 좀 끼어들지 말라고 내가
몇 번이나 얘기를 했소. 가만……, 어디까지 했더라?"

자질구레한 속임수로도 예상 밖의 성과를 거둘 수 있다. 당장 해야 할 일을 뒤로 미루는 습관 또한 인간들의 대표적인 나쁜 버릇 중 하나이다. 그런 버릇도 잘만 활용하면 몇 생에 걸쳐 그들의 시간을 허비하게 만들 수 있다.

배불리 먹으면 정신이 흐릿해지는 법이니, 인간들의 과식 습관도 효과적으로 활용이 가능하다. 그밖에 나쁜 자세, 안락한 가구 그리고 운동 부족 등도 모두 권장할 만한 가치가 있는 것들이다.

뭐니 뭐니 해도 패배주의적인 태도를 조장하는 것이 가장 기본이 될 것이다. 보통 사람들에게는 정신적 삶을 살아가는 게 너무나도 어렵다고, 그 목표가 너무 요원하다고, 그런 노력이 너무나 힘들다고 생각하게 만들어라. 지루하고 암울한 권태감은 현대인의 정신을 질식시키는 독소인 동시에, 그들을 우리 지배권 속으로 몰아넣는 중요한 요소이다. 인간들은 호경기에는 공허한 사치에 현혹되어 분별심을 잃고, 불경기에는 쉽게 절망의 나락에 빠져 사소한 일에도 화를 내고 서로 대립하고 충돌한다. 이 모든 악순환을 야기하는 기조가 바로 공허감이요, 노력해봐야 헛일이라는 마음가짐이니 바로 우리가 현대에 기여한 가장 위대한 공헌이다.

마호가니 문을 조심스럽게 노크하는 소리가 들린다. 뒤이어 육중한 문이 부드럽게 열리며 서류 뭉치를 든 한 젊은 부하 악령이 머리를 숙이고 손을 떨면서 황급히 방안으로 들어선다. 그는 마아라에게 서류를 바치고는 몸을 부들부들 떨면서 책상 앞에 선다.

무뚝뚝한 태도로 마아라는 서류를 낚아채어 훑어본다. 마아라의 눈에 무서운 불길이 인다.

"이런 한심한 벌레 같은 놈, 이 따윌 보고서라고 만들었느냐!"

그는 서류를 그 부하에게 내팽개친다. 겁에 질린 부하가 서류를 제대로 받지 못해 종이들이 마룻바닥에 흩어진다.

"어서 주워들고 나가지 못해?"

마아라의 무서운 목소리가 천둥처럼 으르렁거린다.

그 부하 악령이 훌쩍이며 미친 듯이 종이들을 주워 모아 재빨리 도망쳐 나간다.

비서가 깜짝 놀란다.

"하도 무서워 저까지 오금이 저립니다!"

아무 일 없었던 듯 그는 조용히 커피를 홀짝거린다.

"일부러 그런 거요, 일부러."

제6군 – '공포'[39] 부대

나의 사랑하는 제6군 '공포'의 군사들이여! 그대들은 인간들이 결박을 끊지 못하게 막는 특별한 임무를 받은 용사들이다. 그대들은 줄기찬 공격으로 인간들의 마음을 약화시켜 저들이 우리 작전에 쉽게 말려들게 만들어야 한다. 나는 기쁨과 즐거움으로 상대방을 구슬리는 걸 좋아하지만, 그런 내 호의를 거역하는 자들은 추호도 용서하지 않는다. 그런 자들은 수단과 방법을 가리지 않고 겁을 줘서 반드시 굴복시켜야 직성이 풀린다!

신체적으로 겁을 주는 방법도 경우에 따라서는 쓸모가 있지만 우리의 목적을 달성하는 데는 정신적 도덕적으로 접근하는 방식이 더 효율적이다. 인간들이 안도감을 갖도록 구슬리는 것이다. 이 방식으로 그들을 농락하면 틀림없이 성공한다. 모두 알고 있겠지만 광대한 나의 영토 안

---

39 [역주] '공포'라 번역한 빠알리어 *bhīru*는 '겁약怯弱, 두려워함, 소심, 비겁함, 부끄러워함' 등의 뜻을 지닌 말이다. 영역은 보통 'timidness, cowardice'라 하고, 한역은 공구恐懼라 한다.

어디에도 결코 안전한 곳이란 없다. 모든 인간들은 태어남과 병듦과 늙음과 죽음이라는 무서운 현실에서 벗어날 도리가 없다. 그들이 소유한 값진 물건과 가재도구, 친척과 친구와 동료들에 이르기까지 그 모든 것이 바람 앞의 지푸라기처럼 한 순간에 사라진다. 당연한 일이지. 이렇듯 안정을 꿈꾸는 인간의 소망은 도대체가 실현 불가능한 것이지만, 그걸 기대하는 힘은 나름대로 엄청난 위력을 발휘한다. 어디랄 것 없이 모든 중생들은 제 것을 잃게 될까봐 전전긍긍하고, 그런 겁을 먹은 마음 상태가 결국 그들을 정신적으로 무기력하게 만든다.

위험을 무릅쓰는 일이야말로 어리석고 무익한 일이라고 생각하도록 자주 채근할 필요가 있다. 만약 위험을 무릅쓰고 달려든다면 그들의 마음은 필시 성숙할 것이고, 성숙은 자각으로까지 이어질 수 있다. 삶이라는 부실한 뗏목이 마침내 거대한 폭류[40]에 휩쓸려 들 때까지 그 뗏

---

40 [역주] 폭류暴流로 옮긴 오가*ogha*(cataract)는 '실어가 버리는 것', 즉 중생들을 윤회의 바다로 '휩쓸어가 버리는 거칠고 빠른 흐름'이라는 뜻에서, 폭류에는 ① 감각적 욕망의 폭류*kāmogha* ② 존재의 폭류*bhavogha* ③ 견해의 폭류*diṭṭhogha* ④ 무명의 폭류*avijjogha*의 네 가지가 있다.

목을 놓아서는 아니 된다고 기회 있을 때마다 그들을 세뇌시키라. 그러면 인간들은 공포에 사로잡혀서 끝없이 생사윤회를 거듭할 것이다. 인간 세상에 '겁쟁이는 여러 번 죽지만, 용기 있는 자는 한 번 죽을 뿐이다.'라는 속담이 있다. 그 해묵은 속담에 실로 깊은 의미가 담겨있으나, 다행히 그 뜻을 새길 줄 아는 인간은 드물다.

우리는 이 '공포'라는 무기를, 그들이 존재의 실재를 마주 대하지 못하도록 막아내는 데 아주 유효적절하게 쓸 수 있다. 존재의 실재를 대한다는 생각부터가 그들에게는 너무 두렵고 겁나는 일일 것이다. 거기서 나아가, 가령 명상에 잠겨 존재의 실재를 체계적으로 검토해 보겠다는 생각도 아무나 낼 수 있는 일은 아니다. 다시 더 나아가 그들이 명상을 하기 위해 좌복에 앉기까지 이른다 해도 막상 실상을 가리는 장막을 뚫고 나가려면 많은 용기가 필요할 것이다. 그럭저럭 인생이라는 드라마가 펼쳐내는 자질구레한 근심걱정들을 용하게 떨쳐낸다 해도 그들은 진짜로 무서운 제일의第一義 적 공포에 맞닥뜨리게 될 것이다. 그들이 공空 *suññatā*에 들기에 이르려면 크나큰 용기를 발휘해야 하는데 우리가 이것을 서서히 약화시킬 수 있다.

현대는 겁약怯弱의 최성기이다. 그 누구도 모험을 무릅쓰고 난관을 헤쳐 나갈 용기를 내려하지 않는다. 이런 사실을 뒷받침하는 징후들은 얼마든지 있다. 인구가 늘고 지구자원이 고갈되어 갈수록 가진 자들은 점점 더 이기적이게 되고 못가진 자들을 두려워하게 된다. 그들의 문화라는 것도 우리가 고안해 낸 달콤한 거짓에 기반을 둔 것에 불과하므로 되도록이면 그 추한 실상을 감추려는 속성을 가지고 있다. 병자와 늙은이는 가능한 한 시선이 닿지 않는 곳에 머물게 하고, 주검은 물론 볼 수 없게 된다. 이처럼 피할 수 없는 운명을 어떻게든 피해보려는 인간들의 헛된 발버둥질 덕분에 보험회사들만 살쪄간다.

그러므로 인간들이 그들의 하찮은 일상의 틀을 벗어나는 모험을 계속 두려워하게 만들어야 한다. 그들로 하여금 미지의 영역에 대해 사유하거나 동경하거나 관심을 쏟거나 또는 모험하는 것은 두려운 일이라는 생각을 심어줄 필요가 있다. 만약 그들이 그런 의문들에 대한 답을 얻겠다고 용기를 내는 날이면, 그게 곧 우리에게는 종말의 서막이 될 것이라는 사실을 절대로 잊지 말아야 한다.

우리는 인간들이 가진 겁먹는 마음을 오히려 그들의 미덕이라고 추켜세워 줄 수도 있다. 그걸 다른 말로 신중함이라고 해도 좋고, 책임감이라고 불러도 좋다. 그들에게 "사서 고생할 필요가 있겠어? 긁어 부스럼 만들지 말고 현명하게 처신해."라고 속삭여주어라. 그들은 아침이면 기계적으로 일어나 옷을 차려입고선 그 따분하고 단조로운 일에 시달리려 지하철을 탄다. 여기에는 정년 이후를 대비하는 신중한 배려도 작용한다. 그러나 퇴직할 무렵이면 그들은 이미 만신창이가 되어 속절없이 무덤 속으로 끌려들어갈 시간이나 기다리는 존재로 전락해 있을 것이다.

여기서 우리가 눈여겨봐야 할 대상은 그럼에도 아직 약간의 진취성을 띠고 있는 자들이다. 어쩌면 그들은 성지순례를 떠날 생각을 내거나, 더 고약한 경우 절로 들어가려고 할는지도 모른다. 그런 자들에게는 그것이 얼마나 위험한 일인지를 일깨워주어라. "이 불경기에 직장을 때려

치우려 하다니 대체 제 정신인가? 좀 신중하게 생각을 하게. 20년만 붙어 있으면 연금을 탈 수 있잖은가!"라고 속삭여 주는 것이 좋다.

마아라는 잠시 일손을 멈추고 자리에서 일어난다. 뒷짐을 지고 깊은 생각에 잠긴 채 창가로 다가가서 대도시를 내려다본다. 우후죽순처럼 솟아오른 빌딩들이 거대한 동굴처럼 꾸불꾸불 끝없이 이어지고, 그 사이로 휘감아 도는 길 위로 선정적인 벽보와 번쩍이는 네온사인들이 휘황찬란하다. 대기에 가득 찬 소음과 매연, 그 속에서 수척한 군상이 아무 분별도 없는 개미들처럼 여기저기 그 미로 같은 길을 정처 없이 헤매고 있다.
"아니 대체 저게 인간 세상의 모습인가요, 아니면 그 음울한 지옥의 모습인가요?"
"그 쪽이 여섯이라면 이쪽은 반타스[半打]라. 그게 그거지."

제7군 − '의혹' [41] 부대

나의 친애하는 제7군의 임무는 '의혹'이라는 무기를 써서 인간들을 무력화시키는 일이다. 그대들은 제6군 '공포' 부대와 더불어 주도면밀한 합동 작전을 펼쳐야 한다. 그대들의 효율적인 양동 공격 앞에 인간들은 한밤중에 갑자기 마주친 차량 불빛에 혼이 나간 사슴처럼 꼼짝도 못하게 될 것이다.

현대는 회의론자들의 시대이다. 한 때는 회의론자가 많지 않아서 우리는 부득이 상반되는 악惡이라 할 수 있는 경신輕信을 동원해야 할 경우가 많았지만 이제 어떤 종류의 확신도 갖지 못한 인간들을 떼거리로 마주하고 있다. 그들은 자신들의 큰 버팀목이 되어주었던 종교와 사회와

---

41 [역주] '의혹'이라 번역한 빠알리어 *vicikicchā*는 '회의적 의심, 혼란, 불확실' 등의 의미로 쓰인다. 영어로는 uncertainty, sceptical doubt 등으로 쓰고 있고, 한역으로는 의혹疑惑이라 한다. 본문에서는 'uncertainty'로 쓰고 있다. 이 의혹은 다섯 가지 장애[五蓋 *nīvaraṇa*], 열 가지 번뇌*kilesa*, 일곱 가지 잠재성향*anusaya*, 10가지 족쇄*saṃyojana* 중의 하나로 예류과를 얻으면 완전히 제거된다. 법륜·아홉《다섯 가지 장애와 그 극복방법》; 법륜·열여섯《칠각지》〈고요한소리〉 참조.

정치 그리고 과학에 대한 오래된 믿음까지 모조리 걷어차 버렸다. 그것들에 비해서는 뒤늦게 등장한 편인 회의적 태도를 '자유'라 부르며 환호작약하고 있지만, 사실은 갈 길을 잃고 우왕좌왕하고 있는 모습 외에 아무것도 아니다. 우리가 중생들을 이런 혼돈 상태에서 계속 허우적거리게 만들 수만 있으면 그들은 절대로 우리 손아귀를 빠져나가지 못할 것이다.

회의적 의심이란 지도도 안내자도 없이 사막을 헤매고 있는 것에 비유된다.

이 비유는 그 출처를 생각할 때[42] 인정해주고 싶지는 않지만 참 적절한 것이다. 중생들이 믿음을 상실하게 되면 도덕의 기반이 사라지게 되며 따라서 달콤하거나 혐오스러운 온갖 종류의 악에 빠져들지 않을 수 없을 것이다. 우리는 이런 현상을 이 시대에서 목격하고 있다. 지금의 현실은 내가 특별히 즐겼던 제정로마시대의 상황과 매우

---

42 [역주] 이 비유는 부처님이 다섯 가지 장애(감관적 욕망, 악의, 해태와 혼침, 들뜸과 회한, 회의적 의심)를 설명할 때 쓰신 것이다.

유사하다. 당시는 옛 신앙이 공공연히 조롱당하고, 도덕성이 나약함의 증거로 간주되는 데 반해, 이기적 자기만족의 추구는 유일한 삶의 목적으로까지 여겨지던 시대였다. 실로 멋진 잔치판이었지! 인간들이 그 정도까지 타락할 수 있으리라고는 상상도 못한 일이었지만, 사실은 내가 꼭 한 번 벌여보고 싶었던 희생제였었지.

그 이후 오랜만에 이 시대에 와서 다시 우리는 무분별한 회의주의가 똑똑하고 세련된 태도라고 믿게끔 만드는 데 성공했다. 그 결과가 도덕성의 붕괴로 다시 재현될 것은 뻔하다. 모든 행위에는 반드시 그에 상응하는 결과가 뒤따른다는 진리를 이해하지 못하는 한, 다시 말해 업의 법칙을 믿지 못하고 의심하는 한 인간들은 자신들의 탐욕을 영원히 억제치 못할 것이다. (그래, 내게는 그런 탐욕을 부추기는 데 누구도 따라올 수 없을 만한 재주를 가진 군대가 따로 또 있지!) 우리 쪽에서 보아 썩 좋은 점은 그들이 아무리 믿지 않으려 한들 인과법의 효력이 줄어드는 일은 절대로 없다는 사실이다. (가만! 그들이 그걸 알아차리게 해선 안 된다) 그들은 멋도 모른 채 방탕과 폭력을 일삼다 죽은 후에도 여전히 우리의 노복 신세가 될 테지. 회의를 일삼은 만큼이나 노복으로서의 쓸모는 줄어들 테지만.

회의론이 만연한 시대가 낳는 또 다른 현상을 한 번 살펴보자. 설사 인간들이 인생에서 벌어지는 제반사에 대해 그 의미를 묻기 시작한다고 해도, 많은 사람들이 그러고 있는 게 우리로서는 매우 유감스러운 일이긴 하지만, 그 의문을 풀어낼 수 있는 효과적인 방법을 찾아낼 수도 없고 또 어쩌다 우연히 찾는다 해도 그걸 붙들고 늘어지지도 못할 것이다.

우리는 회의적인 시대가 도래할 때마다 온갖 종파와 사교邪教가 만연하는 것을 보아왔다. 미로에서 빠져나오려 발버둥치는 가련한 인간들은 어떤 것이 자신을 곤경에서 헤어나게 해줄 수 있는 길인지 생각해 볼 겨를도 없이 승려에게서 사제에게로, 사제에게서 무당에게로 그리고 되풀이해서 사제와 승려를 찾아 끝없이 방황한다.

그러다가는 어느 순간에 그 모두를 사기이고 시간낭비라며 팽개쳐 버리고는 냉혹한 현실을 잠시라도 잊기 위한 방편으로 감관적 쾌락에 온 몸을 내던진다.

인간들에게 이 냉소적이고 부도덕한 마음의 틀이 계속 힘을 쓰도록 조장하라. 옛 지혜를 비웃고 당대의 새롭고 유행에 걸맞는 기발한 언동들에 휘둘리게 하라. 중생들의 탐욕이나 욕정에 제약을 가하려드는 가르침일수록 그런 가르침들을 우리가 밑바닥에서부터 뒤집어엎어 버리는 일은 참으로 식은 죽 먹기나 다름없다. 자신이 길을 잃고 헤매도록 만드는 의심을 저들은 오히려 합리적 태도라 우기는데 그대들은 저들과 같은 실수를 범하지 않도록 조심해야 할 것이다. 진짜 합리주의라면 이보다 더 우리에게 위험한 것은 달리 또 없을 것이다. 성가신 몇몇 소수의 인물들이 존재라는 현상에 대해 진지하게 비판적으로 따지고 들었기 때문에 우리의 사기극을 간파하기에 이른 것이다. 그들의 '비판적 사고' 뒤에 숨어있는 욕망을 어떻게든 찾아내서 이를 적극 조종하라. 진정한 질문을 던지기에 이르도록 저들을 방치하지 말라.

우리 의도대로 잘 관리되기만 한다면 인간들은 아주 흥미로운 자기모순에 빠질 것이다. 종교에 냉소 짓는 그들이 신문에 실린 오늘의 운세에 대해서는 아무런 저항감도 느끼지 않는다. 업보설業報說을 미신으로 치부하면서도 도로 위에 파인 금은 재수 없다며 밟지 않으려 한다. 낙태를 정당화하기 위해 인간이란 유기체가 단순히 전기자극으로 연결된 세포덩이에 불과하다고 주장하면서도 로또 당첨을 위해서라면 점쟁이나 귀신에게 매달리는 짓을 서슴지 않는다. 자신들의 현대적인 합리주의를 자랑스럽게 여기면서도 너나없이 미신에 빠져있는 것이 그들의 우스꽝스러운 자화상이다. 그중에서도 특히 심각한 부류가 과학적 훈련을 받은 자들인데, 유물론적 미망에 빠진 나머지 명백한 증거를 두고도 진실을 인정하지 않으려 독단적인 아집을 부리는 자들이 바로 그런 자들이다.

(하지만 요즘 들어 몇몇 물리학자들 때문에 조금 골치가 아파졌다는 걸 인정하지 않을 재간이 없구만……. 어쩐지 우리 바가지의 물이 새고 있다는 낌새가 있어)

자, 그럼 요약해 보자. 인간들로 하여금 헛된 생각들 속을 끝없이 헤매게 하라. 다양한 선택의 기회를 주어 혼란에 빠뜨리고 인생을 목적도 없이 방황하게 내버려두라. 도덕은 곧 통제이고, 절제는 곧 억압이라고 일러주어라. 천박한 냉소적 태도야말로 더할 나위 없이 예리한 지성의 발로라고 칭찬해주어라. 세월을 이겨온 진실들을 격하시키고 유행을 부추겨주어라. 과똑똑이 짓을 일삼도록 내버려두라. 정신을 수습하기 시작하도록 방치해 두었다간 때를 놓치고 말 것이다. 그땐 그들이 이미 윤회라는 회전 유람차에서 다른 코스 - 우리의 손이 가 닿지 않는 향상을 위한 코스[43]- 를 타려고 덤비고 있는 모습을 봐야 할 것이다.

마아라가 컴퓨터로 몇몇 자료들을 검색하기 위해 잠시 문서 작성을 멈춘 사이 누군가가 사무실 문을 조심스럽게 두드린다. 문이 열리며 역시 미색이 출중한 천녀가 사탕과 과자가 수북이 담긴 쟁반을 다소곳이 받쳐 들고 들어선다.

"간식 시간입니다."

마아라가 그 천녀를 호감 있는 눈길로 바라보자 여비서의 눈초리가 절로 가늘어진다. 잠시 후, 수줍은 미소를 지으며 방을 나서는 그 천녀를 향해 여비서가 딱 소리를 내며 손가락을 한 번 튕기자 졸지에 그녀의 귀가 당나귀 귀로 변해버린다.

마아라의 눈썹이 송충이처럼 꿈틀거린다.

---

43 [역주] 팔정도의 삶을 뜻한다.

"뭘, 그리 할 것까지야 없지 않소."

"흥, 꼴 같지 않은 게."

비서가 씩씩거린다.

마아라가 과자를 하나 집어 그녀에게 건넨다.

"야, 이거 아주 맛이 좋군. 옜소, 자네도 하나 들어봐. 정말 기막힌데."

제8군 – '적의와 완고함'[44] 부대

그대들 제8군은 '감관적 욕망' 부대인 제1군과는 정반대의 개념을 무기로 삼는다. 인간들로 하여금 습관적으로 혐오와 악의와 성냄과 증오와 적개심에 빠져들게 하는 것이 그대들에게 부여된 임무다.

---

44 [역주] '적의'로 번역한 *makkha*는 (1) '위선'hypocrisy이라는 뜻과 (2) '성냄', '분노', '적의'anger, rage, malice의 두 가지 뜻이 있는데, 저자는 malice로 영역함으로써 (2)의 뜻으로 쓰고 있다. '완고'로 번역한 *thambha*도 일차적인 뜻은 '기둥', '지주支柱'이지만, 저자가 obstinacy로 영역했듯이, 비유적인 의미로 '완고함', '고집'을 뜻한다.

우리 사업의 기본이 되는 이런 계획들을 새삼 언급할 필요는 없겠지만, 그 중요성을 되새겨보자는 의미에서 간단히 살피고 넘어가도록 하자. 존재가 감각 대상과 접촉할 때마다, 즉 매 의식의 순간마다 그에 따른 각각의 느낌이 생겨나게 된다. 이 느낌은 즐거운 느낌, 불쾌한 느낌, 또는 어떤 실제적 효과를 나타내기엔 너무나 미세해서 중립적 느낌이라고나 불러주어야 할 성질의 것이다. 이런 느낌들은 극히 초보적인 수준의 정신생활이며 대부분 전적으로 자연스럽게 그리고 자동적으로 일어난다. 아무리 하등한 존재라도 당기는 음식을 좋아하고 해로운 상황을 싫어하는 속성이 없으면 그 존재 자체를 유지해낼 수 없다. 이런 기초적 느낌들은 우리가 관여할 일이 아니다. 다만 그 다음 단계의 느낌으로 존재를 유인하기 위해 이런 느낌들도 이용할 수는 있다.

즐거운 느낌을 다루는 일은 '감관적 욕망' 부대인 제1군의 소관 업무로 남겨두는 것이 좋을 것 같다. 따라서 그대들의 임무는 바로 불쾌한 느낌을 갖가지로 증폭시키는 일이다. 우리의 상대가 자신의 마음이 돌아가는 모습을 마음 챙겨서 살피고 있지 않을 경우에는 (그리고 살피는 자라고 해도 제대로 살피기는커녕 간신히 시늉이나 낼 정도인 자조차 얼마 안 되니까) 우리는 이 단순한 불쾌의 느낌을 온통 혐오와 분노의 덩어리로 바꿔 놓을 수 있다. 생짜 그대로의 느낌은 그 본질이나 외양이나 도무지 하찮고 덧없는 것에 불과하지만 그러나 참말이지 그걸 가지고 우리는 얼마나 재미있게 놀 수 있는가.

물론 이런 식의 부정적 확산을 자꾸만 증장시킴으로써 중생들은 자신들이 이미 겪고 있는 그 어떤 불가피한 육체적 불쾌감에다, 전혀 겪지 않아도 좋을 불필요한 고통까지 보태고 있는 것이 사실이다. 그러나 이것은 그들의 당면문제이지 우리가 지금 신경 쓸 문제는 아니다. 우리에게는 지금 해야 할 중대한 일이 따로 있다.

불행이나 분노에 정신이 팔리면 사람들은 사물에 대한 분별력을 잃어버린다. 그들은 자신들이 지금 어떤 처지에 빠져 있는지 알아차릴 수조차 없기 때문에 국면 타개를 위해 손 쓸 수가 없다. 우리에게는 인간들의 미혹을 조장하기 위해 쓸 수 있는 여러 수단들이 있다. 그 중에서 가장 재미있는 게 '정당한' 분노이다. "그가 나를 해코지한다! 그가 내 것을 박탈했다! 그가 나를 쓰러뜨리고 때렸다." 이런 식으로 분노를 정당화함으로써 마음이 부정적 방향으로 증폭되게끔 하라. 그와 같은 증폭은 그 자체만으로 끝나지 않고 자아상을 쌓아올린다는 일과 서로 얽혀 증폭되는 부대 수익을 우리에게 가져다준다. 우리는 최근 이 분야에 괄목할만한 진전을 이뤄냈고, 그 결과 오늘날 인간들은 그런 정당한 분노가 '자신에게 힘을 실어준다.'는 측면을 찬양하게 되었다. 그래, 그렇게 해서 힘을 얻는 게 어느 쪽인지는 우리만 아는 작은 비밀로 하자.

또 이와 관련된 증후군 중 하나가 피해의식을 스스로 부추기는 행위이다. "나는 참 불쌍하다."라는 감정은 '나'라는 개념을 더욱 굳히는 멋진 도구이다. 어떤 형태의 악의건 간에 그 모든 것은 사람들이 제멋대로 선정한 자기 입장에서 세상을 보도록 만드는 데서 출발한다. 그런 억측에 입각해서 움직이는 한 그들은 사물을 명확하게 볼 수 없다.

우리가 이용할 수 있는 감정의 스펙트럼은 그 폭이 넓다. 고속도로에서 갈지자 운전을 하는 차를 만나면 그 운전자에 대해 가볍고 일시적인 미움의 감정이 일어난다. 직장에서 사려 깊지 못한 상사와 마주치면 분노가 끓어오른다. 종족간의 해묵은 증오가 온 나라를 불구덩이 속에 몰아넣는다. 이 모두가 우리 제분소에서 생산된 밀가루들인 것이다. 다른 말로 하면 증오심이라는 한 가지 감정이 여러 형태로 표출된 것일 뿐이라는 뜻이다.

우리는 그들이 생명이 없는 대상, 특히 자신들의 손으로 만든 물건들에 대해서까지도 악감정을 갖게 할 수 있다. 작동이 불량한 기계를 향한 인간들의 격앙된 모습을 보는 것보다 더 재미있는 일도 많지 않을 것이다. 기계에 감정이 없다는 것을 잘 알면서도 그들의 분노는 도무지 멈출 줄을 모른다.

벽창호처럼 변화를 거부하는 태도가 '완고함'이다. 이것 역시 많은 인간들이 띠고 있는 성향이다. 일단 감정적 에너지를 원한 쪽으로 투입하면 그 원한을 풀어버리기가 쉽지 않다는 것을 알게 된다. 그것은 곧 자신들이 얼마나 어리석었는지 자인하는 셈이기 때문이다. 그리고 그런 일을 결코 하려들지 않을 것이다.

이 분야에 있어서 우리의 입장은 아주 확고하다. 지구상에 인류의 숫자가 증가함에 따라 서로 밀치고 서로 상대방의 신경을 거스르는 일들이 비일비재해졌다. 그럼에도 불구하고 우리는 악의를 제거하는 데에 확실한 효능을 가진 유일한 해독제에 대해서 잠시라도 긴장의 끈을 늦춰서는 아니 된다. 그것은 바로 '보편적 자애의 마음'[45]이다. 그 이름만으로도 그대들을 전율에 떨게 한다는 사실을 알면서도 '자애'에 대해 언급하지 않을 수 없는 내 입장을 이해해 주리라 믿는다. 자애는 빠알리어로는 멧따*metta* 그리고 그리스어로는 아가페*agape*라고 한다. 자애야말로 유일하게 우리가 대적할 수 없는 강력한 힘이다. 자애는 곧

---

45 [역주] 자애慈愛는 사무량심四無量心 가운데 하나로 남들의 이익과 행복을 간절히 바라는 마음이다. 사무량심은 네 가지 거룩한 마음가짐, 또는 네 가지 무량한 마음가짐인데 여기에는 ① 자애[慈 *metta*] ② 연민[悲 *karuṇā*] ③ 더불어 기뻐함[喜 *muditā*] ④ 평온[捨 *upekkhā*]이 있다. 보리수잎·다섯《거룩한 마음가짐, 사무량심》〈고요한소리〉 참조.

나약함이라고 폄하하라. 날이 갈수록 인간들의 마음속에서 연민이 설 자리를 잃고 있으니 자애의 폄하가 그리 어려운 일은 아니다. 가까운 예로, 가난한 사람을 동정하는 일은 이제 더 이상 시류에 맞는 일이 아니다. 보편적 선의를 실천하기 위해서는 진정한 용기가 필요하다는 사실을 저들은 거의 알지 못하고 있다. 생각해보라. 그처럼 꼭 필요한 기개氣槪를 가진 자들이 극히 드물다는 사실이 우리에게는 얼마나 다행인가.

만약 그들 중 누군가가 명상과 같은 방법으로 마음 닦는 수행을 시작한다면, 그건 탈출자가 생길 수 있다는 것이기 때문에 우리도 노력을 배가해야 한다. 다른 부대에 보낸 공문에서도 이미 언급한 바 있지만, 특히 그대들의 전문 분야이기도 하기 때문에 명상자를 공격할 기회를 많이 갖고 있다는 점을 잊지 말라.

신체를 통해 공격을 감행하라. 꼼짝없이 앉아 있어야만 한다니 애송이 수행자가 어찌 좀이 쑤시지 않겠는가. 그 순간을 노려서 조금만 자극을 가해도 그 불편함은 곧 짜증이나 자기 연민으로 발전한다. 그 밖에도 괴로움의 종류는 끝이 없다. 중생의 몸을 받았으니 신체적 괴로움을 피할 길은 없지만, 신체적 괴로움과 더불어 느끼는 정신적 자학은 전적으로 자신이 덧보탠 것임을 깨닫기까지 실로 많은 시간이 걸릴 것이다. 게다가 우리는 스승이나 수행법이나 음식이나 기후 같은 여러 외부 요인들에 대해 못마땅한 마음을 내도록 그들을 부추길 수도 있다. 그런 하찮은 고통의 구렁텅이에서 빠져나오는 데도 그들은 몇 시간을 쉽게 허비해야만 할 것이다. 저들이 단 한명도 우리 손아귀에서 탈출하지 못하도록 그대들의 헌신적인 분투를 기대한다!

비서가 마아라의 눈치를 보며 리모컨을 누르자 이번에는 분위기 있게 생긴 가수가 흐느적거리는 걸음걸이로 화면에 등장한다. 그가 온몸을 흔들며 구슬픈 음색으로 노래를 부르자 객석을 가득 메운 관중들이 괴성을 지르며 열광한다.
"와, 엘비스가 진짜 좋아."
비서의 손에서 리모컨을 빼앗아 든 마아라가 신경질적으로 그걸 누르자 순식간에 화면이 바뀐다. 이제 그 잘 생긴 가수가 퉁퉁 부은 얼굴로 잡동사니로 가득 찬 침대 옆 서랍을 열어 초조하게 진통제를 찾고 있다.

제9군 – '명성' 부대

인간들이 왜 그토록 명성을 갈구하는지 이성적으로는 도무지 이해가 되지 않는다. 명성이야말로 재능 있는 수많은 이들을 파멸의 구렁텅이로 몰아가는 흉기가 아니던가. '자아에 대한 환상'을 병적으로 부풀리는 행위는 언젠가 죽기 마련인 존재에게는 실로 감당하기 어려운 짐이 될 뿐이다. 그럼에도 인간들은 마냥 명성을 갈구하여 마지않는다. 사려 깊은 이의 "현명한 사람은 평판에 좌우되지 않는다."라는 충고는 "그 어느 것도 내 얼굴이 《롤링 스톤》 표지에 실릴 때처럼 짜릿하지는 않아……."[46] 따위의 대중가요에 허무하게 묻혀 버린다.

우리는 이런 증후군의 심리적 근거에 대해 완전히 이해하고 있어야 한다. 자아라는 환상은 인간들에게 매우 소

---

46 [역주] 미국의 컨트리록 밴드 'Dr. Hook and the Medicine Show'의 1973년도 히트곡 〈The Cover of the Rolling Stone〉의 가사 중 일부분. 《롤링 스톤 *Rolling Stone*》은 미국에서 발행되는 대표적인 대중음악 잡지로서, 표지에 실리는 것은 대중가수에게 최고의 영예로 여겨진다.

중한 것이다. 그러나 사실 그것은 허깨비에 불과한 것인지라 유지 존속시키기가 참으로 어려우며 엄청난 에너지를 투자해야 한다. 에너지라. 개똥도 약에 쓰려면 구할 수 없듯 정작 쓸모 있는 일을 당해서는 찾아볼 수조차 없던 그 에너지를 이런 헛된 데에는 그렇게 쏟아 붓고 있으니. 그리고 대중의 인기와 같은 외부적 에너지원으로 이 가공架空의 자아가 충전充塡될 수 있는 것이라면 명성도 순수입으로 간주될 만하겠다. 물론 명성이란 것은 누가 뭐라 하건 그 당사자에게 매우 위험한 환각제인 점에는 이론의 여지가 없고 가슴 설레게 만드는 힘은 무엇보다 강력하다.

최근까지도 이 분야에서 우리가 활용 가능한 자원은 매우 제한적이었다. 고대 사회에서 명성이란 일반적으로 자기네 도시 국가의 주민사이에 잘 알려지는 것 정도를 의미할 뿐이었기 때문에 우리가 특별히 써 먹을 만한 경우가 별로 없었다. 하긴 가끔 황제라든가 그 비슷한 부류들을 명성 놀이에 빠지게 만들 수는 있었지만. 그러나 이제는 명성을 써먹을 기회가 훨씬 많아졌다. 영상을 세계 어느 곳으로라도 전송할 수 있는 기술이 발명되면서 웬만한 사람도 순식간에 세계적인 지명도를 얻을 수 있게 되었기 때문이다.

그러한 기술의 발달과 더불어 유명인을 광적으로 숭배하는 현상까지 생겨났다. 대중은 자신들의 우상을 통해 대리 만족을 얻는 행위에 의해 따분한 일상으로부터의 탈출을 꿈꾼다. 이것이야말로 자기 파멸을 서로 독려하도록 만들려는, 우리 입장에서는 실로 환상적인 시스템이다. 도처에 널려있는 텔레비전 중독자들은 자신의 실생활 대신 화면 속 대중스타들의 일거수일투족에 일희일비하는 가상현실에 빠진 채 살아간다. 그런 무익한 삶을 사는 그들이 딱하긴 하지만 우리 목적에는 실로 안성맞춤이다. 게다가 그들은 얼마 안가서 자신들이 숭배하던 스타들에게서 등을 돌리고 그들을 서슴없이 잡아먹어 버린다. 그야말로 우리에게는 꿩 먹고 알 먹고가 아닌가.

물론 그런 수준의 명성은 극소수의 인간들에게 국한될 수밖에 없다. 그러나 우리에게는 더 많은 인간들을 옭아맬 수 있는 좀 더 고전적인 형태의 '명성'이라는 올가미가 남아 있다. 그것은 자기가 속해 있는 좁은 세계 안에서 잘 알려지고 잘 대접받고 싶어 하는 욕망으로 이것을 조금만 키워주면 양성적陽性的 강박관념이 될 수 있다. 그들에게 자만심의 불길을 지피는 데 이처럼 쉬운 길이 있을까. 그들이 직장이나 친구와 동료들 간에서의 자신에 대한 평판이나 신경을 쓰는 한, 그들은 자기 자신을 진실한 실체로 여기는 관념의 덫에서 결코 헤어날 수 없다. 만약 철수라는 사람이 직장 동료들로부터 "철수는 우리 공장의 으뜸가는 디젤엔진 기술자야!"라는 칭찬을 듣는 순간, '디젤엔진 기술자 철수'라는 개념의 실체가 있다는 확신이 생긴다. 반대로 "철수는 가장 형편없는 디젤엔진 기술자야!"라는 험담의 경우도 그 효과는 동일하다.

인간들은 보통 남들이 자기를 보는 시선이 어떠한가를 척도로 삼아 자신을 규정한다. 이것이 세상을 향해 쓰는 가면, 즉 '외적 인격'[47]이다. 인간들은 주변 사람들에게 잘

---

47 [역주] 외적 인격: 페르소나persona. 라틴어로서 무대에서 배우가 쓰는 가면을 뜻한다.

보이려는 강박 관념에 사로잡히는 어리석음에 빠져 자신이 진정 누구인지를 찾는 데 끝내 실패한다. 인간들의 시선이 바깥을 향하고 있는 한 그들은 결코 자신들의 내면 세계를 볼 수 없다. 그들이 보고 있는 바깥쪽이 바로 우리의 영토라는 사실 또한 그들은 알 리 없다.

한걸음 더 나아가 '칭찬과 비난'은 즐거움과 괴로움을 낳는 또 다른 유력한 원천이다. 거듭 말하거니와 이것들은 당나귀를 채소밭 사잇길로 몰고 나가는 데 필요한 당근과 채찍이다. 칭찬이니 비난이니 하는 것이 참으로 덧없는 것이지만 여기서 그런 본질은 아무런 문제가 되지 않는다. 타인으로부터 인정받으려는 본능적 욕구는 갈애를 일으키는 강력한 원천으로써 유有의 생성 과정[48]을 촉진시키고, 게다가 한층 더 '실질적인' 보상[49]까지 채근한다.

---

48 [역주] 앞의 역주 31에서 설명된 12연기緣起에서 '애愛-취取-유有'의 과정을 뜻한다.

49 [역주] 현세에서의 명예, 명성, 권력 등.

칭찬과 비난을 세풍世風[50]이라고 하는데, 그거야말로 우리에게는 참으로 쓸모 있는 도구들이다. 재미있는 것은 칭찬과 비난이라는 게 아무런 실체가 없는 헛것에 불과한데도 인간들의 눈에는 그렇게 보이지 않는다는 사실이다. 쉼 없이 세풍이 몰아치게 하라. 그러면 중생들은 그 윤회의 회오리바람 속에서 영원히 방황할 것이다.

제10군 – '자화자찬과 남 헐뜯음'[51] 부대

마아라는 깍지 낀 손으로 머리를 감싸며 의자에 깊숙이 등을 기댔다.

"참, 생각하면 할수록 나 자신이 대단하단 말이야. 내가 없었다면 대체 이 세상이 어떻게 됐을까? 내가 겸손했기 망정이지

---

50 [역주] 세풍世風: *loka dhamma* 世法를 세풍이라고도 부른다. 사람의 마음을 능히 흔드는 바람이라는 뜻이다. 세풍에는 ① 이득*lābha* ② 손실*alābha* ③ 명예*yasa* ④ 불명예*ayasa* ⑤ 행복*sukha* ⑥ 불행*dukkha* ⑦ 칭찬*pasaṁsā* ⑧ 비난*nindā*의 여덟 가지가 있다.

51 [역주] 자화자찬*attānaṁ samukkaṁse*. 남 헐뜯음*pare avajānati*. 자기를 칭찬하고 남을 깔봄.

그렇지 않았으면 지금쯤은 거의 무소불위無所不爲에 이르렀을 거야."

"그렇다마다요. 그리고 우리 마아라님의 부대도 정말 믿음직해요."

"뭐? 그런 형편없는 건달들이 뭐가 대단하다는 거요! 내가 그렇게 챙겼으니 망정이지 그놈들 하는 대로 놔뒀으면 아마 지금쯤은 온 세상이 난장판이 되고도 남았을 거라고. 게다가 부려 먹기는 점점 더 힘이 드니. 그러나 걱정할 건 없지."

담대하고 강력한 제10군이여, 안녕한가? 그대들의 임무는 참으로 막중하다. 하지만 다행스럽게도 어렵지는 않다. 일반적으로 인간들은 자신을 아주 대단한 존재로 여기는 비합리적 특성을 가지고 있다. 그들은 정신 구조상 자기중심벽癖에서 헤어날 수 없게 만들어져 있는 것 같다. 이런 인식상의 기본적 착각을 부채질하는 한 가지 방법이 자화자찬의 태도를 부추기는 것이다. 그들로 하여금 자신들이 실로 굉장하고 옳다고 생각하게 만듦으로써, 그들의 마음을 자만으로 가득 채워라. 이것이 바로 제10군 제1사단 '자화자찬 사단'의 임무이다.

자화자찬은 모든 번뇌에 기름을 부어준다. 이것이야말로 미망이 만들어낸 최대 걸작이다. 그들은 장밋빛 안경을 쓰고 거울 속의 자신을 들여다본다. 그 때문에 자신의 허물을 볼 수 없음은 물론, 남들로부터 자신의 허물을 지적당하면 화부터 벌컥 내게 되는 것이다. 자화자찬은 또한 욕정과 애착까지 부채질하여, '나처럼 굉장한 사람은 재미 좀 볼 자격이 있잖아?'라고 스스로에게 속삭이게 된다. 자화자찬은 성냄[瞋心], 즉 다른 사람들은 모두 바보고 자신의 견해와 의견만 항상 옳다고 여기는 그 무시무시한 독선적 성냄의 불길도 부채질을 해댄다. 그러니 두 인간의 자만이 충돌하는 걸 지켜보는 것보다 더 재미있는 구경거리가 또 어디 있겠는가.

제10군에게는 정신적 향상의 조짐을 보이는 인간들이 생겨날 때와 같은 어려운 국면을 대비할 특별한 임무가 있다. 만약 다른 제諸부대의 다소 성긴 그물을 통해 우리 손아귀에서 용케 빠져나가려는 인간들을 발견하면, 자만과 오만을 부추기는 방법으로 그들의 승리감을 역이용하라. 그들의 귀에 대고 "나를 보라, 이 위대한 성자를!"이라고 끊임없이 속삭여주어라. 이런 방법으로 우리는 그동안 많은 고기들을 낚을 수 있었다.

저들의 허풍이 얼마나 실제와 동떨어진 것인가 따위에 관심을 쓴다면 그것은 너희의 선을 넘어서는 것이다. 그들은 원래 자신의 잘난 면을 생각할 때는 참으로 우스꽝스러운 자기기만도 얼마든지 해댄다. 아무튼 자기 관찰을 요령 있게 해내는 사람은 극소수일 뿐이고 진실로 자기비판을 하기에 이르는 사람은 그 중에서도 손에 꼽을 정도다.

한편 매우 부정적 자아상을 가진 인간들의 숫자 또한 적지 않다는 사실도 유념해야 한다. 이들도 적절히 다루면 문제가 되지 않는다. 부정적이든 긍정적이든 자아상은 자아상일 뿐이며 그것은 자기 인식에서 벌어지는 근본적 환각에 지나지 않는 것이면서도 저들을 계속 굴레에 묶어 벗어나지 못하게 하는 큰 작용을 한다. 긍정·부정 둘 다 우리 목적에 아주 잘 들어맞는다. 스스로 잘났다는 확신을 줄 수 없을 때는 스스로를 실패자로 몰아세우도록 부추겨라. 아만[52]에는 세 종류가 있다는 것을 기억해야 한다. "나는 너보다 낫다, 나는 너보다 못하다, 나는 너와 동등하다." 이 셋 중 하나만 있어도 벌써 자만에 사로잡힌 것이며, 이것은 하나로 그치지 않고 다른 것과 어울려 이중성을 증장시킨다.

실제 요즘 들어 부정적 형태가 일반화되는 조짐이 있다. 자기 자신을 아주 싫어하는 인간들이 보통 많은 게 아니다. (물론 이것도 내가 유도해낸 것이니 그들만 탓할 일은 아니지 ······) 이것은 복합적 현상이지만, 본질적으로는 물질주의의 대두에 뿌리를 두고 있다. 인간이 존재의 기본적인 영적 수준을 부정해버리면 그 삶은 완전히 공허해진다. 이것이 그들의 핵심 당면 문제라는 것을 눈치 채지 못하도록 막아라. 그리고 혹시 문제라고 인식하더라도 개개인이 풀어내기에는 적합하지 않은 문제로 여기도록 조장해

---

52 [역주] 아만我慢이라 번역한 마아나*māna*는 중생을 삼계三界에 묶어두는 열 가지 족쇄*saṃyojana* 가운데 하나로 아라한과를 얻어야 비로소 제거된다. 또한 열 가지 번뇌*kilesa*와 일곱 가지 잠재성향*anusaya* 가운데 하나이기도 하다. 열등감도 아만에 포함되는 것이다.

야 한다. 다행히 포스트모던 시대라는 사회적 환경도 이런 자아의식을 조장하고 있다. 산업혁명 이후 인간은 기계를 통한 물질주의 천국을 구축하려 애써왔고, 이제 오히려 자신들이 만들어낸 발명품으로 인해 그들은 무용지인無用之人 혹은 대량 실업자 신세가 되고 있다.

제10군 제2사단의 임무는 상대방을 헐뜯도록 부추기는 일이다. 이 '남 헐뜯기'는 '자화자찬'을 보완해준다. 대부분의 인간들은 남들을 끌어내림으로써 자신을 돋보이게 만들려 든다. 그들은 이것이 사리에 맞지 않는 행위이며 이런 행위가 항상 문제를 더 악화시켜 왔다는 사실 따위는 개의치 않는다. 그래서 지금 이 순간에도 버젓이 그런 짓을 계속하고 있는 것이다. 하긴 자신의 허물을 고치는 것보다는 남의 허물을 꼬집는 일이 훨씬 더 손쉽긴 하다. 더욱이 그대들은 질책, 험담, 비판 등 갖가지 무기와 전술까지 갖춘, 실로 악의와 갈등 조장의 선봉장들이라는 데 자부심을 가져주기 바란다.

사람들이 잘 꼬집는 남의 결점이란 것들이 사실은 자

신들을 괴롭히는 자기 허물임을 인간들은 모른다. 그런 꼬락서니는 참 재미있는 구경거리이지만 막상 당사자가 되면 그런 자신의 모습이 좀체 보이지 않는다. 모든 형태의 남 헐뜯음은 스스로 옳다는 식의 독선적 망상에 기반을 두고 있다.

이 '남 헐뜯음'이라는 악덕의 대중적 형태는 잡담 성격의 험담이다. 누구나 스캔들을 즐기고 재미만 있으면 진위 따위에는 관심두지 않는다. 누군가의 사소한 실수를 들춰내서 침을 튀기며 떠들어댈 때 그들 자신은 얼마나 도덕적으로 느끼고 있을까! 언뜻 사소한 일 같지만, 그대들은 이 무기를 이용해 학교든 직장이든 친목 모임이든 가정이든 그 어디서든 그들의 관계를 휘저어 놓을 수 있다. 우리의 오랜 경험으로 비추어볼 때 이런 험담들이 사원이나 다른 영적 공동체의 화합을 깨뜨리는 데 큰 몫을 해왔다는 사실이 분명하다.

하지만 훨씬 더 험악한 형태의 흠잡기를 잊어서는 아니된다. 악의적 인신공격은 한 사람의 삶을 송두리째 망쳐 버릴 수 있다. 그리고 그보다 더 파괴적인 것은 언어나 피부색과 같은 비개인적 척도에 바탕을 둔 편견이다. 이성적인 존재들에게는 말도 안 되는 소리로 들리겠지만, 누군가가 그런 어리석은 편견을 선동해대면 쉽게 흥분해 때로는 온 세계가 전쟁의 소용돌이에 휘말려드는 사태까지도 벌어진다. 물론 전쟁이야말로 모든 정신적 가치들을 게걸스럽게 집어삼키는 거대한 탐식한貪食漢이니만치 당연히 격려 조장해야 할 일이다.

그러나 이 모든 것보다 더 미묘하고 심오하고 중요한 것은, 바깥에서 허물을 찾고 있는 한, 그 시간 동안은 그가 안으로 자기내면을 들여다보지 못한다는 아주 기본적인 사실이다. 우리는 여하한 경우에도 인간들이 이 기본적 사실만은 계속 이행하도록 만들어야 한다.

나가기

"자, 이제 얼추 끝난 것 같구려. 공문 말미에 '생사의 주관자이시며 존재들의 포식자이시며 윤회의 바퀴를 돌리는 분이신 마아라!'라고 명기하시오. 내 서명이 끝나면 복사를 해서 각 군 사령관들에게 한 부씩 하달하고, 법률고문도 참고할 수 있도록 한 부 보내도록 해요."

비서가 윙크를 하고 방을 나가자, 마아라는 그날 일과를 끝내기에 앞서 자신의 광활한 영토를 다시 둘러보기 시작한다. 화면에는 생명을 받아 태어났다가 다시 죽음을 맞는 존재들의 일생이 파노라마처럼 펼쳐지고 있다. 계행이 반듯한 자는 죽어서 천상에 태어나고 사악한 부류들은 지옥으로 떨어져 갔다. 그리고 천상과 지옥에서의 시한을 채운 존재들은 다시 지상에 태어난다. 그 모든 존재들이 욕망의 거센 바람을 일으키는 마아라의 부채질에 날리어 속절없이 윤회를 거듭하고 있는 중이다.

그러나 한 화면에는 삭발을 하고 낡은 가사로 여윈 몸을 감싼 어떤 노 비구니가 대나무로 얼기설기 엮은 작은 초막에서 임종하기 위해 눕는 장면이 나온다. 고요히 위엄 있게 노 비구니는 얇은 돗자리 위에 오른쪽을 아래로 해서 모로 눕는다. 마아라는 내키지 않지만 그 화면을 바라본다.— 그는 어떤 일이 벌어지는지 이미 알고 있고 또 두렵지만 그래도 눈길을 돌리지 못한다. 그것은 마치 아픈 이[齒]를 찾으려고 더듬더듬 혀를 굴려보는 것만큼이나 그에게는 고통스럽지만 피할 수 없는 시간이다. 이윽고 그 비구니가 엄숙하면서도 평화롭게 숨을 거두자 화면이 깜빡거린다. 그건 자동 검색 프로그램이 전 존재계를 훑어 그 비구니의 존재를 찾는 작업을 빠른 속도로 수행하고 있다는 표시이다. 잠시 후 화면에 두려워했던 에러 메시지가 떠올랐다.

"존재를 찾을 수 없음."

"흥! 다행히도 이런 일이 그렇게 잦지는 않지."
마아라는 그 노 비구니의 행방에 대해 그리 오래 신경

쓰지 않는다. 생각할수록 괜히 마음만 뒤숭숭해지니까. 마아라는 아직 자신의 지배 영역 안을 다람쥐 쳇바퀴 돌 듯 맴도는 한결 다루기 쉬운 존재들을 계속 지켜보며 기분을 바꿨다. 그들은 거대한 회전 유람차에 올라 윤회의 세계를 끝없이 오르락내리락 한다.

그렇게 수천 년 동안 쉼 없이 일을 해온 마아라였지만, 그 역시도 자신이 쳐놓은 그물에서 벗어날 수 없는 한계를 가진 존재이다.

이제 하루 일과를 모두 마친 마아라는 편안한 마음으로 소파에 앉아 주머니에서 빗을 꺼내든다. 이 악마신[魔神]은 우아하게 천천히 신경 써서 윤기 흐르는 검은 머리를 빗는다. 허영은 당연히 그의 악덕 중 하나가 아니던가. 잠시 후 마아라는 무심결에 백금과 호랑이 뼈로 만든 빗에 눈길을 준다. 갑자기 눈살을 찌푸린다. 숨이 멎으면서 명치에 통증을 느낀다.

아! 검은 머리카락 속에 흰 가닥이 하나!

━━ 저자 소개

아잔 뿐나담모 *Ajahn Puṇṇadhammo* (1955~   )

1979년에 불교에 입문하였고 1990년 태국에서 출가하여 1995년까지 태국 냐나짜트 사원에서 수행하였다. 현재 캐나다 온타리오 주Arrow River Forest Hermitage의 선원장.

───── 〈고요한소리〉는

○ 붓다의 불교, 붓다 당신의 불교를 발굴, 궁구, 실천, 선양하는 것을 목적
  으로 설립되었습니다.

○ 〈고요한소리〉 회주 활성스님의 법문을 '소리' 문고로 엮어 발행하고 있
  습니다.

○ 1987년 창립 이래 스리랑카의 불자출판협회BPS에서 간행한 훌륭한
  불서 및 논문들을 국내에 번역 소개하고 있습니다.

○ 이 작은 책자는 근본불교를 중심으로 불교철학·심리학·수행법 등 실생
  활과 연관된 다양한 분야의 문제를 다루는 연간물連刊物입니다. 이 책
  들은 실천불교의 진수로서, 불법을 가깝게 하려는 분이나 좀 더 깊이
  수행해보고자 하는 분에게 많은 도움이 될 것입니다.

○ 이 책의 출판 비용은 뜻을 같이하는 회원들이 보내주시는 회비로 충당
  되며, 판매 비용은 전액 빠알리 경전의 역경과 그 준비 사업을 위한 기
  금으로 적립됩니다. 출판 비용과 기금 조성에 도움 주신 회원님들께 감
  사드리며 〈고요한소리〉 모임에 새로이 동참하실 회원을 기다리고 있습
  니다.

○ 〈고요한소리〉 책은 고요한소리 유튜브(https://www.youtube.com/c/고
  요한소리)와 리디북스RIDIBOOKS를 통해 들으실 수 있습니다.

○ 〈고요한소리〉 회원으로 가입하시려면, 이름, 전화번호, 우편물 받
  을 주소, e-mail 주소를 〈고요한소리〉 서울 사무실에 알려주십시오.
  (전화: 02-739-6328, 02-725-3408)

○ 회원에게는 〈고요한소리〉에서 출간하는 도서를 보내드리고, 법회나 모임·
  행사 등 활동 소식을 전해드립니다.

◦ 회비, 후원금, 책값 등을 보내실 계좌는 아래와 같습니다.

국민은행	006-01-0689-346
우리은행	004-007718-01-001
농협	032-01-175056
우체국	010579-01-002831
예금주	**(사)고요한소리**

마음을 맑게 하는 〈고요한소리〉 도서

금구의 말씀 시리즈

하나	염신경念身經

소리 시리즈

하나	지식과 지혜
둘	소리 빗질, 마음 빗질
셋	불교의 시작과 끝, 사성제 – 四聖諦의 짜임새
넷	지금·여기 챙기기
다섯	연기법으로 짓는 복 농사
여섯	참선과 중도
일곱	참선과 팔정도
여덟	중도, 이 시대의 길
아홉	오계와 팔정도
열	과학과 불법의 융합
열하나	부처님 생애 이야기
열둘	진·선·미와 탐·진·치
열셋	우리 시대의 삼보三寶
열넷	시간관과 현대의 고품 – 시간관이 다르면 고품의 질도 다르다
열다섯	담마와 아비담마 – 종교 얘기를 곁들여서
열여섯	인도 여행으로 본 계·정·혜
열일곱	일상생활과 불교공부

법륜 시리즈

보리수잎 시리즈

붓다의 고귀한 길 따라 시리즈

단행본

This translation was possible
by the courtesy of the Buddhist Publication Society
54, Sangharaja Mawatha P.O. BOX61
Kandy, SriLanka

법륜 · 열아홉

마아라의 편지

초판   1쇄 발행 2010년 11월 5일
2판   2쇄 발행 2023년 4월 15일

지은이   아잔 뿐나담모
엮은이   김한상
펴낸이   하주락·변영섭
펴낸곳   (사)고요한소리
제작   도서출판 씨아이알 02-2275-8603

등록번호 제1-879호 1989. 2. 18.
주소   서울시 종로구 인사동길 47-5 (우 03145)
연락처   전화 02-739-6328 팩스 02-723-9804
          부산지부 051-513-6650 대구지부 053-755-6035
          대전지부 042-488-1689
홈페이지 www.calmvoice.org
이메일   calmvs@hanmail.net
ISBN   978-89-85186-77-3

          값 1,000원